LA TEOLOSIS©, LA PSICOLOGIA CRISTIANA Y EL DR. JESUCRISTO

Convergencia entre
la psicología y nuestra formación y
crecimiento en la experiencia de vida en
Cristo.

Elvin Heredia, PhD.

CONTENIDO

® 2014
La Teolosis, La Psicología Cristiana y el Dr. Jesucristo
ISBN 978-0-9842817-2-5

Todos los pasajes bíblicos utilizados son de la Santa Biblia Reina Valera 1960, a menos que se indique otra versión en especifico.

Información y Pedidos: elvinheredia@hotmail.com

INTRODUCCION

La palabra **Teolosis** está compuesta por dos vocablos griegos conjugados. Surge del prefijo *teo,* que significa *Dios,* y del sufijo *osis,* mayormente utilizado para indicar *formación* o *crecimiento* de alguna condición, en términos médicos y científicos. Por tanto, *teolosis* pudiéramos definirla como la formación, crecimiento y desarrollo de nuestra relación y conocimiento de Dios.

La teolosis no parece ser otra cosa, sino una psicología teológica o una teología psicológica. Tal vez no nos damos cuenta, pero la teolosis la estamos predicando desde nuestros altares en cada sermón que pronunciamos, porque cada predicación invita a una reflexión, por medio de las Escrituras, que conduzca a una transformación del intelecto, y a la aplicación de esa reflexión en los oyentes, de modo que produzca en ellos un cambio de actitudes. Cierto, ¿no le parece?

Por otra parte, siempre he afirmado que Jesús es el psicólogo por excelencia. La psicología de Cristo está aplicada en todos los casos que tuvo que manejar. Esto responde al evidente conocimiento que Jesús tiene sobre comportamiento humano. ¿Cómo no conocerlo? ¡Jesús estaba presente en ese momento histórico y divino de la creación del hombre!

Pero eso no es todo. Cristo es, precisamente, el modelo de perfección integral para todos los seres humanos.

- Fuimos creados a Su imagen y semejanza.
- Aquí en la Tierra Él creció y se fortaleció en todas las áreas de la vida humana (Lucas 2:52).

Les invito a examinar cada tema que entregamos en esta obra, y a contemplar algunos de esos casos que Jesús atendió durante su recorrido entre nosotros. Desde luego, no olvide que Su ministerio de consejería sigue activo y vigente. El Dr. Jesucristo siempre estuvo disponible para Sus pacientes. ¡Y todavía lo está!

Con esta breve recopilación de pensamientos pretendemos dar explicación a algunas interrogantes que inevitablemente surgen ante cada situación particular de la vida. Encontrar la psicología contenida en la teología y viceversa. Queremos renovar el pensamiento, descubrir verdades, penetrar misterios, encontrar respuestas.

Todo esto, a medida avanzamos en nuestra experiencia de fe. En nuestro caminar con Dios. En nuestra vivencia como cristianos.

En nuestra *teolosis.*

DEDICATORIA

Al Dios Todopoderoso, mi Señor y Salvador, Creador y Dador de toda ciencia y sabiduría. Todo es por Ti y para Ti. Nunca podré agradecerte lo suficiente.

A mi esposa Carmencita. Tú eres la extraordinaria bendición con la que Dios restauró mi vida por siempre. Gracias por apoyar mis sueños y mis locuras. ¡Te Amo!

A un gran amigo y hermano, el Dr. Henry Castellanos. Gracias por aportar a mi vida tus conocimientos y la bendición de tu amistad.

A ustedes, mis fieles lectores. Que Dios les bendiga ricamente por medio de este trabajo, que una vez más dedico a Su gloria, y que humildemente propongo a ustedes para bendición de sus vidas.

¡Feliz teolosis!

LA TEOLOSIS,
LA PSICOLOGÍA
CRISTIANA
Y
EL DR. JESUCRISTO

A MI ME MUEVE...

Lectura: Filipenses 3:13-14

Este tema me recuerda una promoción de un periódico local donde un hombre dice: "A mí me mueve aprender". Una joven dice: "A mí me mueve ser una gran actriz". Otro dice: "A mí me mueve descubrir una estrella". Y luego pregunta: "Y a ti, ¿qué te mueve?".

Esta pregunta fue la que saltó a mi mente cuando leí este pasaje que Pablo escribe. Aunque él mismo no pretende haber alcanzado el premio del supremo llamamiento, él sí pretende proseguir a alcanzarlo. ¿Qué lo mueve? Entendemos que a Pablo lo mueve ese premio del supremo llamamiento. Ahora, esta pregunta me resulta muy interesante, porque esta pregunta es pertinente o de actualidad en nuestro diario vivir, aunque a veces no nos damos cuenta. Yo estoy seguro que, al menos, muchos de nosotros nos hemos preguntado en algún momento de nuestra vida: "¿Qué me mueve?".

Este cuestionamiento de nuestra parte implica o nos da a suponer que nosotros tenemos o necesitamos una motivación para hacer las cosas. Incluso en lo más simple y sencillo como es comer. A nosotros nos mueve el hambre a tomar algún alimento.

Pero hay veces en que no tenemos hambre y aún así comemos. ¿Por qué? ¡Porque a veces nos mueve el antojo!!!

Pablo nos exhorta en Efesios 4:14 a que no seamos llevados (o movidos) por todo viento de doctrina. Resulta muy fácil ser movido o motivado por cualquier corriente social, política o religiosa a que pensemos o hagamos de la manera en que esa corriente nos enseña o nos motiva a pensar.

Es claro, entonces, que toda exhortación (incluyendo la que nos dá la Palabra de Dios) tiene el propósito de motivarnos a cumplir con las sugerencias que la exhortación trae en sí misma. Claro está, obedecer la Palabra traerá recompensas de bendición para nuestra vida.

Pablo nos indica en Filipenses 2:13 que Dios produce en nosotros tanto el querer como el hacer. Esto tiene una gran importancia para nosotros, pues también se dice que una persona es lo que es por las cosas que hace.

Por tanto, podemos decir lo que una persona es por las cosas que quiere y por las cosas que hace. Dicho esto, considero importante que reconozcamos algunas de las motivaciones que motivan (valga la redundancia) a las personas, tanto en su ser como en su querer y en su hacer.

Para ello, es necesario considerar, como dice la Escritura, los tiempos y las sazones de la vida misma.

I.   Culpa del pasado

¿Quién de nosotros no tiene algo en su pasado que hubiera querido que fuese de otra manera? Esta pregunta pudiera traerle algo de confusión, porque hemos escuchado muchas veces decir que *"de modo que si alguno esta en Cristo, nueva criatura es, las cosas viejas pasaron, he aquí todas son hechas nuevas".* (2 Corintios 5:17). Siendo esto una verdad bíblica, ¿cómo es que muchas veces nos encontramos luchando con viejas costumbres de la vida pasada? ¿Cómo es que todavía se manifiestan algunas "malas mañas" en nuestra conducta?

En primer lugar, debemos considerar este pasaje de 2 Corintios 5:17 en su justa perspectiva. Cuando en el pasaje menciona que "son hechas nuevas", se refiere a que ahora, en Cristo, se instituye en nuestra vida un nuevo código de reglas.   Ahora tenemos nuevos criterios para juzgar y decidir. Los propósitos y objetivos de la vida tienen ahora otra dirección. Pero, en cuanto a nosotros se refiere, sin embargo, la verdadera desaparición de lo viejo y la verdadera producción de lo nuevo es una experiencia, una tarea y un esfuerzo diarios.

Muchos de nosotros aún luchamos con viejas costumbres. Sugiere esto un carácter progresivo de sanidad de nuestro ser a medida que nuestra relación con Dios crece y se perfecciona. Esta experiencia es siempre, y cada vez más posible, si uno vive y permanece en Cristo.

Surge, pues, otra pregunta: ¿Será mi pasado lo que me mueve? ¿Es por culpa de mi pasado que me siento y actúo de esta manera?

Como hemos visto, tener un pasado no significa un atraso en nuestro caminar en Dios. Dios hace nuestras cosas nuevas. Lo que realmente puede significar un atraso en nuestro caminar con Dios es si ese pasado nos acusa o nos sobrecarga. Lo peor es que ese pasado no puede acusarnos o sobrecargarnos a menos que nosotros lo permitamos. Esta condición tiene un nombre: sentido de culpa.

Cuando nos sentimos culpables por nuestro pasado, estamos cayendo en una peligrosa trampa: No sentirnos perdonados de nuestro pasado. Es necesario entonces considerar el hecho de que Dios YA nos ha perdonado. Y si ya Dios nos ha perdonado, ¿por qué no podemos perdonarnos nosotros mismos? ¿Por qué insistimos en llevar una carga que no nos corresponde? Visto de esta manera, el pasado nos mueve... ¡pero en la dirección contraria a donde Dios nos quiere mover!

La pena y la autocompasión NO debe ser lo que nos mueva por la vida. Sentir pena por nosotros mismos NO hará que ese pasado desaparezca. El pasado NO debe determinar nuestra vida futura. Es absurdo proyectarse a una vida futura plena en el Señor pensando en un pasado que ya no podemos cambiar.

Hubo un personaje en una novela que dijo una vez: "El pasado es un equipaje, que será más pesado o liviano dependiendo en la forma que lo carguemos". Por tanto, esto implica que, aún cuando hemos entregado nuestra vida al Señor, hay cosas de nuestro pasado que aún no han sido hechas nuevas porque aún no se han sanado. Cosas que no nos hemos perdonado. Usted me dirá: "Pero ese pasado está ahí, ¿qué hago con él?

Pablo nos está exhortando en el v. 3 a que hagamos una cosa: ¡Olvidemos ciertamente lo que queda atrás!! El pasado está atrás. Usted va hacia adelante. ¡Del pasado no se vive, del pasado se aprende!!! Si quiere cargar algo de su pasado, llévese consigo el aprendizaje y la lección que ese pasado le dejó y haga como dice Pablo: Extiéndase a lo que está delante, a lo que Dios le quiere traer a su vida.

Del pasado ya usted sabe lo que no debe hacer: ¡No lo haga! Pero del pasado ya usted aprendió lo que debe hacer: ¡Hágalo en el nombre del Señor!

II.   Miedo al futuro

Hemos visto como el pasado puede ser una motivación negativa en nuestro ser, querer o hacer dentro de nuestro caminar en Dios. Sin embargo, muchas personas son igualmente motivadas por el futuro.

El futuro es un tema extremadamente cautivante. ¿A quién no le gustaría conocer el futuro? Esta pregunta tiene a su vez una motivación particular. Muchos quieren conocer el futuro de algo para luego llegar a tomar una decisión. ¡Qué fácil sería todo si nosotros supiéramos de antemano las cosas que sucederán! Esto nos evitaría muchos dolores de cabeza, ¿cierto? (¡Así cualquiera!, como decimos en Puerto Rico).

Sin embargo, la realidad de nuestra vida es otra. La realidad es que nosotros no conocemos el futuro. El futuro en sí mismo NO está bajo nuestro control. La Biblia nos declara en Hechos 1:7: "No os toca a vosotros saber los tiempos o las sazones, que el Padre puso en Su sola potestad".

Nosotros podemos tener una idea de lo que nos espera si escogemos el buen camino o el mal camino porque la Biblia así mismo nos lo dice. Pero conocer el futuro solamente le pertenece a Dios.

Luego entonces, podemos concluir que el futuro representa para nosotros algo desconocido. ¡Y lo desconocido da mucho miedo!! Es entonces cuando el miedo se convierte en una motivación a no movernos. Lo cierto es, aunque usted no lo crea, que a nosotros no nos detiene lo desconocido. Nos detiene el miedo que le tenemos a lo desconocido.

Hemos escuchado muchas veces el refrán que dice: "El que no arriesga, no gana". Este refrán nos presenta la posibilidad de poder alcanzar algo mejor si nos decidimos a movernos hacia eso que desconocemos, pero que pudiera producir una gran ganancia. No obstante, como no sabemos lo que el futuro nos depara, se nos hace difícil lanzarnos a una aventura desconocida.

Sucede también que muchas veces nos detenemos en nuestro crecimiento en cualquier área de nuestra vida, porque a medida que nos desarrollamos, crecen también nuestras responsabilidades. En ese sentido, de nosotros los adultos se espera que respondamos a cualquier situación de manera adulta. No se espera que reaccionemos como niños. Podemos entender, entonces, que nosotros no le tememos realmente al crecimiento, sino a las responsabilidades que vienen con ese crecimiento.

Es por estas razones que muchas veces nos resulta más fácil quedarnos como estamos y no procurar lanzarnos a un futuro de crecimiento, porque no sabemos lo que nos espera, no sabemos si podremos con las responsabilidades o peor aún, nos parece que estamos muy cómodos y muy bien como estamos.

Sin embargo, esa NO es la exhortación de Pablo. Pablo nos exhorta a que, no sólo olvidemos nuestro pasado, sino a que nos extendamos hacia delante. Y debemos entender que extenderse implica una acción que requiere esfuerzo.

Esta exhortación no nos deja otra opción: El futuro debe movernos, pero debe movernos hacia delante. Pero esto requiere en primer lugar que no temamos al futuro. Jesús nos dice en Marcos 5:36: *"No temas, cree solamente"*. Jesús mismo nos presenta la fe como la única herramienta que necesitamos para vencer nuestro temor. Por tanto, ante el temor que nos presenta lo desconocido del futuro, Jesús nos dice "No temas, ten fe, cree solamente".

III. Posesiones del presente

Hemos considerado los aspectos del pasado y del futuro que nos mueven en nuestro ser, en nuestro querer y en nuestro hacer en la vida. Sin embargo, muchos pudieran decirme: "Mi pasado no me preocupa porque yo no lo puedo cambiar.

Además, el futuro no me preocupa pues yo no sé lo que el futuro traerá, o cuánto futuro me queda".

Quienes así piensan realmente viven preocupados por su presente, pues esa es la realidad que ellos entienden que realmente tienen.

Este pensamiento puede ser muy peligroso, si consideramos que el pasado trajo lecciones que no debemos olvidar y que el futuro traerá decisiones que debemos confiarle a Dios. Por tanto, la vida de los que así piensan gira en torno a su presente y lo que éste tiene. Las motivaciones de muchos son, entonces, las posesiones que tienen en el presente, porque es con lo que ellos dicen contar en el aquí y el ahora. Para ellos, esta es la manera correcta de ser realistas, y de mantener los pies en la tierra. Sin embargo, la Palabra nos enseña que nuestras posesiones no deben ser nuestra motivación ni nuestro fundamento.

En Romanos 8:38-39 nos dice entre otras cosas que *"ni lo presente, ni lo provenir, ni ninguna otra cosa creada nos podrá separar del amor de Dios, que es en Cristo Jesús".*

Poner nuestra motivación en cualquier posesión es un riesgo a condicionar nuestro ser, nuestro querer y nuestro hacer sobre una base muy frágil y pasajera.

Bastaría con decir que todas las posesiones que pudiéramos tener hoy fueron alguna vez en el pasado posesión de alguien, y que ciertamente estas posesiones estarán a su vez en posesión de alguien en algún momento en el futuro.

La exhortación de la Palabra es clara en ese sentido: Debemos ser motivados en nuestra vida por aquello que NO nos puede ser quitado. Pablo lo establece en el v.14 como una meta, un fin o como el final definitivo de esta carrera: El supremo llamamiento de Dios en Cristo Jesús.

Jesús mismo nos exhorta en Mateo 6:19-20 a que no hagamos tesoros en la tierra, donde la polilla y el orín corrompen, sino que hagamos tesoros en los cielos. Es en los cielos donde nuestro tesoro NO nos podrá ser quitado, donde el futuro está asegurado, y donde el pasado ya no podrá alcanzarnos.

Tener posesiones no es malo. Pero que nuestras posesiones sean nuestra motivación, SI lo es. La exhortación de Pablo es clara: Debemos extendernos hacia la meta. No podemos quedarnos conformes en nuestro presente.

Tampoco debemos dejar que el pasado nos mueva en una dirección que nos aleje de Dios. Mucho menos debemos permitir que el miedo a un futuro desconocido no nos permita movernos a alcanzar la meta.

Debemos en todo tiempo EXTENDERNOS hacia lo que está delante, a fin de alcanzar la meta y el premio del supremo llamamiento de Dios. Debemos extendernos hacia una vida totalmente plena en Cristo Jesús.

Es hora de que te extiendas. Es hora de alcanzar la meta. Anímate. Dios quiere que la alcances.

¡Atrévete! Tu meta te espera.

EN LA ENCRUCIJADA

Lectura: Salmos 37:5

Debe ser una cuestión genética. Los hombres, por lo general, no preguntamos o no queremos preguntar por direcciones. Tal vez por esa razón es que muchas veces nos perdemos por el camino.

¿Ha tenido usted alguna vez esta sensación de estar perdido? Cuando encuentra un cruce de caminos, ¿se ha detenido usted a pensar cuál camino tomar? Frente a esa encrucijada, ¿se ha detenido a pensar si el camino que ha de escoger lo llevará a su destino?

En Puerto Rico decimos, a modo de broma, que nadie se pierde. Puesto que Puerto Rico es una isla, bastaría con regresar por la ruta que tomamos si al final de la misma encontramos el mar. Pero, ¿qué me dice nuestros "otros caminos"? En nuestras otras encrucijadas, ¿la decisión será tan fácil? ¿Basta con regresar por el mismo camino?

Ahora entiendo por qué mucha gente se detiene en el camino de la vida. Mucha gente tiene miedo de perderse.

Entre las preguntas que nos formulamos, podemos apuntar las siguientes:

- ¿Qué tal si no es el camino?
- ¿Qué tal si me equivoco?
- ¿Qué tal si no puedo regresar?
- ¿Qué será lo que hay más adelante?

Usted se encuentra diariamente ante esta disyuntiva. Un nuevo camino. Una nueva decisión. Un cambio de dirección. Una curva.

Algo que aprendí en los momentos más inciertos de mi vida es que la vida no se vive en línea recta. Hay curvas. En la vida también encontramos cuestas. Algunas tendremos que subirlas y otras tendremos que bajarlas. Los cambios infunden inseguridad, pero el cambio es lo más seguro que tendremos en la vida. Ahí está la encrucijada. Ahí está el cruce. ¿Qué hacemos? ¿Pa' dónde vamos?

Quisiera en este pensamiento trascender un poco más allá de lo que estamos acostumbrados a oír. Usualmente, ante la incertidumbre de lo que la vida nos presenta, recomendamos mucho este texto de la Escritura que hemos considerado.

¡Aleluya! ¡Qué bueno que podemos encomendar a Dios nuestro camino! Pero, ¿de qué se trata esto de encomendar a Dios nuestro camino?

Cuando pienso en el milagro de Dios con Israel frente al Mar Rojo, considero dos asuntos importantes:

1. Dios abriría el mar para que el pueblo pasara en seco, pero fue necesario que Moisés extendiera su mano en obediencia a la orden de Dios.

2. El pueblo cruzaría al otro lado, pero Dios no los cruzó flotando por el aire. Fue necesario que el pueblo caminara en medio de 2 inmensas murallas de agua.

¿Se imagina usted una escena semejante? Impresionante, ¿cierto? Ahora, ¿no le parece a usted que las encrucijadas de la vida nos hacen considerar estos mismos asuntos?

Encomendamos a Dios nuestro camino, pero se trata de nuestro camino, por tanto, nuestro camino tenemos que caminarlo nosotros. Desde luego, tenemos promesa de Dios de que El caminará con nosotros, pero no significa que El caminará por nosotros.

Siempre tendremos algo que hacer en el camino, aunque a veces sea detenernos, como en ocasiones Dios ordenó al pueblo. Esto, sin embargo, nos recuerda que Dios hará grandes cosas en nosotros, pero nosotros, por la fe, también haremos grandes cosas en Dios.

Por tanto, no podemos cerrar nuestros ojos ante esta verdad bíblica.

- Cerrar nuestros ojos sería negarnos la oportunidad y la posibilidad en Dios de ver y hacer grandes cosas.
- Cerrar nuestros ojos es una actitud de negación.
- Por otra parte, cerrar nuestros ojos no nos permitirá ver hacia dónde vamos.

Abrir nuestros ojos nos permite ver hacia dónde vamos. Nos permite seguir una dirección. Sin mirar no hay dirección. Pero seguir una dirección depende fundamentalmente de la dirección en la que ponemos los ojos. Entonces, si tomar una decisión en la vida depende de la dirección hacia la que miramos, ¿cómo define esta dirección nuestro camino? El camino que escogemos en la vida, ¿depende de la forma en que miramos ese camino?

Para contestarnos estas preguntas, sería necesario formularnos otra pregunta: ¿Hacia cuántas direcciones podemos mirar?

Podemos mirar en 5 direcciones. Casualmente, cada una de estas direcciones comienza con la letra "A". Tal vez por eso es que se hace tan difícil escoger.

- Todas pudieran parecerse.
- Cualquiera de ellas puede confundirnos.
- ¿Cuál escoger?

Analicemos, entonces, estas direcciones hacia las que podemos mirar, a fin de que podamos escoger de entre ellas cuál sea la dirección que más nos convenga, y cuál vaya más de acuerdo al propósito de Dios en nuestra vida.

1. Abajo

Por lo general, quien mira hacia abajo lo hace ante la expectativa de tropezar y caerse. Quien mira hacia abajo puede estar mirando lo profundo del precipicio, las piedras o tropiezos del camino o la condición de sus zapatos, entre otras. Pero, más que nada, la persona que mira hacia abajo es una persona que duda.

Permítame aclarar que mirar hacia abajo no es el verdadero problema. El verdadero problema de mirar hacia abajo es mirar con duda. Todo el que camina sabe que debajo de sus pies hay un terreno sobre el cual se afirma su paso. Caminando podemos determinar si el terreno es fuerte, débil, si está mojado o si está quebrado. El problema para nosotros estriba en que no se trata de la condición del terreno, sino, más bien, si confiamos en ese terreno.

Por eso es que la exhortación del texto es a que encomendemos a Jehová nuestro camino. Encomendando a Jehová nuestro camino no necesitaremos mirar hacia abajo. No tendremos que dudar del camino. Nuestro caminar estará seguro en Dios.

Esto no quiere decir que el precipicio no sea real. Tampoco quiere decir que no habrá piedras y obstáculos en el camino. No se tratará de si nuestro calzado soportará el viaje. Es que, si nuestro camino está encomendado a Dios, no importan nuestros recursos, no importa la condición del camino y no importa, incluso, si no hay camino. Lo que importará es que nuestro paso estará seguro. Caminamos y caminaremos, porque Dios hace, y hará posible que caminemos.

2. Alrededor

Mirar alrededor es otra forma de dirigirnos por la vida. El que mira alrededor, por lo general, es una persona que vigila, está a la expectativa o espera encontrar algo. Sin embargo, la persona que mira alrededor por lo general comete dos errores fundamentales:

- Se distrae.
- No actúa por acción sino por reacción.

Entre los peligros de distraerse en el camino está el de perderse en el camino. Quitar los ojos del objetivo no nos permitirá alcanzarlo. Por eso es que la Palabra de Dios nos exhorta en Hebreos 12:2 a que nuestros ojos estén puestos en Jesús. Dios es el autor y consumador de nuestra fe. Es a Dios a quien hemos encomendado la dirección de nuestro camino.

Por tanto, si apartamos nuestros ojos de quien nos dirige, corremos el riesgo de quedarnos perdidos en el camino.

Por otra parte, quien mira alrededor tiende a reaccionar ante lo que descubre a su alrededor. Quien mira alrededor usualmente se da cuenta de que tiene compañía. Que no está solo. Y esto, muchas veces, nos llena de temor.

He ahí el otro problema de mirar alrededor. Mirar lo que tenemos alrededor puede causarnos muchas veces el mismo miedo de mirar hacia abajo. Esto es así porque alrededor de nosotros también se presentan situaciones difíciles. El temor de ver a nuestro alrededor tantas dificultades usualmente convierte nuestras luchas en gigantes y hace pequeñas nuestras capacidades.

No podemos cometer el error de mirar alrededor las dificultades de la vida. Si hemos encomendado a Dios nuestro camino, ya tenemos un gigante que va delante de nosotros.

Eso tampoco quiere decir que no habrá dificultades a nuestro alrededor. Por supuesto que estarán ahí en el camino. Pero con nosotros va Aquel que es más poderoso que cualquier gigante del camino. Con nosotros va Jesús. ¡Y Jesús ha vencido al mundo!

3. Atrás

¿Cuántos de nosotros hoy pensamos en cómo hubieran sido algunas cosas en nuestra vida si pudiéramos volver atrás y cambiarlas? ¿Cuántos de nosotros hoy no nos perdonamos, ni perdonamos a otros, por cosas del pasado? ¿Cuántos de nosotros hoy llevamos cargas de nuestro pasado que no nos permiten avanzar en la vida?

Quien mira atrás recuerda. Desde luego, el recuerdo, de por sí, no es malo. Muchas veces recordamos con cariño situaciones vividas y seres amados que ya no están con nosotros. Sin embargo, hay un inmenso peligro en mirar atrás. Como ya hemos afirmado, quien mira atrás recuerda. Y el que recuerda algo del pasado, usualmente revive esa experiencia pasada. El peligro, sin embargo, no está en revivir esa experiencia. El peligro está en permanecer viviendo en esa experiencia.

El que mira atrás usualmente comete dos graves errores:

- Vive de lo que ya quedó atrás.
- No está mirando lo que viene de frente.

Muchas veces insistimos en vivir y revivir una etapa que, por cuestión de nuestro caminar en la vida, ha quedado atrás.

Caminamos muchas veces con la culpa de lo que pudo haber sido y no fue. No obstante, la situación no se queda ahí. La culpa del pasado nos acumula nuevas culpas en el presente.

Sucede que la vida y sus cambios no se detienen. Si permanecemos mirando hacia atrás, lamentando lo que ya no puede remediarse, perdemos a su vez las nuevas oportunidades que Dios nos trae.

Entonces, terminamos lamentando las viejas culpas, y la pérdida de nuevas opciones, por estar mirando hacia atrás. Nuestra culpa del pasado sigue, pero continúa creciendo cada vez que dejamos pasar otra oportunidad.

Es por eso que Dios trabaja con nosotros a base del perdón. Dios perdona en Cristo nuestro pasado para que ese pasado ya no nos distraiga. Con el perdón, Dios corrige nuestra visión, haciendo que veamos las nuevas oportunidades de bendición que el camino nos ofrece.

Pero nuestro camino sólo podrá ofrecernos bendiciones si realmente lo hemos encomendado a Dios. Dios quiere que caminemos libres de toda culpa. De toda carga que pueda detenernos en el camino. Es por eso que Dios ofrece por medio de Cristo el perdón de nuestros pecados. En Cristo, nuestras culpas están perdonadas y nuestras cargas han sido quitadas.

Podemos caminar sin facturas ni deudas viejas. Cristo ya pagó nuestra deuda.

Desde luego, esto no significa que el pasado ha desaparecido. Todos nosotros recordamos nuestro pasado. Todos nosotros sabemos de dónde nos rescató El Señor. De hecho, la dinámica de Dios con el pueblo de Israel era de siempre recordarles de dónde El los había libertado. Pero el propósito de Dios con Israel es el mismo propósito que tiene con nosotros. Dios no quería que su pueblo permaneciera en su condición del pasado, así como Dios tampoco quiere que permanezcamos viviendo del pasado.

Nosotros no vivimos ni debemos vivir del pasado. Del pasado no se vive. Del pasado se aprende. Dios permite que recordemos el pasado para que aprendamos. El pasado es experiencia, pero no es una experiencia permanente. Es una experiencia inolvidable, pero es transitoria. Es transitoria porque la vida sigue. La vida no se detiene. El pasado es lo que pasó. Lo que quedó atrás.

Quien mira atrás no ve lo que viene de frente. El pasado es pasar. Es superar. Con Dios, el pueblo de Israel pasó el Mar Rojo. Con Dios, usted también puede pasar.

4. Arriba

Si usted se fija en lo que hemos considerado hasta ahora, notará que cada dirección anterior ha traído diversas enseñanzas. Todas las direcciones anteriores han tenido aciertos y desaciertos. Pero, a partir de ahora, descubriremos la necesidad, el propósito y la importancia de las direcciones anteriores.

En nuestra vida, en nuestro caminar, a pesar de todo y por encima de todo, ha sido muy importante mirar hacia abajo, alrededor y hacia atrás. Dios ha tenido un maravilloso propósito con todo. Ha sido importante y maravilloso porque, siempre que hemos mirado hacia abajo, alrededor y hacia atrás, hemos tenido que mirar hacia arriba.

Siempre que hemos sentido temor, siempre que la duda nos ha asaltado y siempre que hemos necesitado sanidad y perdón por nuestro pasado, hemos tenido que mirar a Dios. Siempre que el hombre ha mirado hacia arriba, siempre que el hombre ha puesto su mirada en Dios, ha comenzado a mirar en la dirección correcta.

Mirar hacia arriba es mirar por encima de lo que está abajo, de lo que está alrededor y de lo que está atrás. El que pone su mirada en Dios está poniendo su mirada en Aquel que es más grande que todo aquello que puede crear duda, de todo aquello que puede crear temor y desconsuelo.

De todo aquello que pudo haber pasado en nuestra vida.

El hombre y la mujer nunca se equivocarán en el camino que escojan en la encrucijada si primero miran a Dios. He ahí la importancia de encomendar a Dios nuestro camino. La mejor elección para el hombre en este camino siempre será Dios.

Nos queda considerar una última dirección en la encrucijada.

5. Adelante

Finalmente, cuando ya hemos mirado hacia arriba, cuando hemos encomendado a Dios nuestro camino, lo que falta es comenzar a caminar en la única posible dirección que nos queda. Es momento de comenzar a mirar y caminar hacia delante.

Ahora bien, debo hacerle una advertencia. Si observa con detenimiento, aquí se nos presenta una especie de orden. Se trata de algo que parece indicar la presencia de un procedimiento lógico, o de una lógica de procedimiento.

Yo pienso que una de las razones por las cuales mucha gente fracasa en su caminar por la vida es porque han querido caminar hacia adelante sin primero haber mirado hacia arriba.

Luego, cuando se extravían en el camino, cuando encuentran fracaso y derrota, entonces quieren que Dios haga algo. Sin embargo, no se han dado cuenta que la razón de su mala decisión en la encrucijada de la vida ha sido que invirtieron el orden. Miraron y caminaron hacia adelante sin haber mirado primero hacia arriba.

El texto sugiere que Dios hará por nosotros, y nos hará caminar, pero primero debemos encomendar a Dios nuestro camino. El pasaje presenta un orden lógico que no debemos invertir ni violentar. No se debe mirar ni caminar hacia adelante sin haber primero mirado hacia arriba. Para continuar por el camino debemos primero encomendar a Dios ese camino. Ahora bien, ¿dónde queda el asunto de la fe en todo esto?

Permítame recordarle que la fe y la confianza en Dios no son lo mismo. La confianza siempre ha sido el fundamento de nuestra fe. Nuestra confianza en Dios está fundamentada en las cosas que hemos visto que Dios ha hecho por nosotros. La fe, entonces, nos hace creer que Dios hará por nosotros aquello que no ha hecho todavía. Dios ha ganado nuestra confianza primero, para que nuestra fe no tenga excusa. Dios no nos ha fallado en el pasado, por tanto, Dios no nos fallará en el futuro. La confianza, entonces, es la seguridad de nuestra fe.

Podemos, entonces, encomendar a Dios nuestro camino, porque hemos visto las obras que Dios ha hecho.

Note bien que el texto indica, luego de exhortarnos a encomendar a Dios nuestro camino, que confiemos en El. Confiar en Dios es recordar lo que Dios ha hecho por nosotros en el pasado. Por tanto, por esa confianza que ya Dios ha ganado, nuestra fe puede estar en la seguridad de que El hará.

El orden de Dios es correcto y perfecto. Dios no ha fallado en el pasado. Dios no fallará en el futuro. A propósito, hablando de futuro, ¿sabía usted que la palabra "futuro" no aparece en la Biblia? La versión de Reina Valera de 1960, que es la Biblia que mayormente usamos los cristianos latinos, no incluye esa palabra. ¿Quiere saber por qué?

Sucede que el futuro no está en nuestras manos, ni en nuestra potestad ni bajo nuestro control. Cuando encomendamos a Dios nuestro camino, ciertamente nosotros caminamos el camino, pero según el texto, quien obra a favor nuestro en ese camino es Dios. Si el futuro no está contemplado en la Biblia, entonces el futuro no debe ser motivo de preocupación. Nuestro futuro y nuestro provenir ya han sido encomendados a Dios cuando confiadamente encomendamos a El nuestro camino.

En conclusión:

- Mirar hacia abajo puede ser señal de duda en nuestras propias capacidades. Encomendando a Dios nuestro camino notaremos que Dios aumentará nuestras fuerzas como las del búfalo (Salmo 92:10). Nos sentiremos renovados, fortalecidos, rejuvenecidos como el águila. (Salmo 103:5).
- Mirar alrededor puede ser señal de duda y temor ante lo que nos rodea. Encomendando a Dios nuestro camino no temeremos de terror nocturno, ni de saeta que vuela de día, ni pestilencia ande en oscuridad, ni mortandad que en medio del día destruya. (Salmo 91:5-6).
- Mirar hacia atrás puede ser señal de una gran necesidad de sanidad y perdón. Si encomendamos a Dios nuestro camino, El será quien perdone todas nuestras iniquidades y quien sane todas nuestras dolencias. (Salmo 103:3).
- Mirar arriba es mirar a Aquel que está por encima de nuestras incapacidades, por encima de nuestro temor y por encima de nuestras necesidades. Mirar a Dios es comenzar a mirar en la dirección correcta.

Si ya hemos puesto nuestra mirada en Dios, si ya estamos mirando hacia arriba, comencemos a caminar hacia delante confiadamente. El camino está en manos de Dios.

Para cualquier encrucijada de la vida ya conocemos la ruta. No se detenga mirando abajo, alrededor o hacia atrás. Mire hacia arriba, y luego mire adelante.

Dios ha estado, Dios está y Dios siempre estará a su lado como poderoso gigante...

ERRORES Y HORRORES

Lectura: Mateo 22:23-33

Dos hombres fueron considerados para ocupar una importante plaza en un taller de ingeniería de una prestigiosa empresa. Para ello, se les asignó ensamblar un complicado artefacto eléctrico. Como parte de la evaluación, al primero de ellos se le proporcionó el manual de instrucciones para armarlo, mientras que al segundo no se le proveyeron instrucciones de ninguna naturaleza.

Al rato, sucedió que a quien se le había provisto de instrucciones decidió ignorarlas y armar el equipo según le pareciera. Desafortunadamente, el equipo quedó mal ensamblado, y al tratar de encenderlo el artefacto explotó, causando una gran conmoción en el lugar. El otro hombre, puesto que no tenía instrucciones para realizar su tarea, decidió no hacer nada, y prefirió confiar que de alguna u otra forma lo escogerían para el puesto.

Cuando los evaluadores consideraron el caso del primer hombre, le preguntaron acerca de lo sucedido. Avergonzado, el primer hombre tuvo que admitir que no siguió las indicaciones provistas para el ensamblaje del equipo, y que por esa causa los resultados no fueron los deseados. Tristemente su evaluación fue desfavorable, por lo que no obtuvo la plaza.

Al evaluar el caso del segundo hombre, los evaluadores le preguntaron la razón por la que no había hecho nada, a lo que el segundo hombre respondió simple y sencillamente que no tenía las instrucciones para hacerlo. Tristemente, también para el segundo hombre la evaluación fue desfavorable, pues parte de la intención de los evaluadores era identificar la iniciativa particular de cada individuo en la prueba, y fue precisamente la falta de iniciativa del segundo hombre lo que no le permitió obtener el trabajo.

En este pasaje se nos ofrecen interesantes enseñanzas, pero cabe destacar que esas enseñanzas parten de realidades que la Palabra de Dios establece. En primer lugar, resulta curioso el dato que registra el v.23. El texto es específico en señalar a los saduceos como aquellos que decían que no hay resurrección. De hecho, la disensión principal entre los fariseos y los saduceos radicaba en que los saduceos no admitían la resurrección, ni la existencia de los ángeles ni los espíritus, mientras que los fariseos *"afirmaban estas cosas".* (Hechos 23:8).

Ahora bien, la Escritura es categórica en establecer la verdad de la existencia del espíritu.

- Eclesiastés 12:7 – el espíritu del hombre vuelve a Dios que lo dio.

- Zacarías 12:1 – Jehová extiende los cielos, funda la tierra y forma el espíritu del hombre dentro de él.

Más adelante, en el Nuevo Testamento, esta verdad bíblica se reafirma. El Apóstol Pablo hace referencia a esta declaración en su exhortación a los tesalonicenses en su primera carta:

*"Y el mismo Dios de paz os santifique por completo; y todo vuestro ser, **espíritu**, alma y cuerpo, sea guardado irreprensible para la venida de nuestro Señor Jesucristo".* (1 Tesalonicenses 5:23). (RV).

Como si fuera poco, el Apóstol Santiago nos indica que el cuerpo sin el espíritu está muerto. (Santiago 2:26). Según Génesis 2:7, el espíritu es el soplo de vida dado por Dios.

Resulta, entonces, interesante que los saduceos, de quienes se suponía que eran estudiosos de las Escrituras, no hubieran considerado estos pasajes en la elaboración de su creencia. Los saduceos, entonces, erraban en que ignoraban estas verdades bíblicas y las sustituían por premisas sin fundamento.

Es por eso que la enseñanza de Jesús se concentra en dos importantes aspectos, los cuales identifica claramente.

Los saduceos erraban en dos cosas:

- Ignorar las Escrituras.
- Ignorar el poder de Dios.

Desde luego, el término "ignorar" implicaba en este caso un total desentendimiento y distanciamiento de la verdad que ellos seguramente habían leído. Recordemos que se trataba de un sector de la sociedad que conocía destacadamente las Escrituras. Ignorar, en ese sentido, no era que no lo supieran, sino que preferían obviarlo premeditadamente.

Tal cual hizo el primer hombre de nuestra ilustración, los saduceos tenían en sus manos las indicaciones acerca del tema claramente establecidas en las Escrituras, pero preferían adaptar sus propios conceptos, rechazando y adaptando a conveniencia lo que la Palabra de Dios establece.

Desde esa perspectiva, podemos establecer que quienes ignoran, no conocen o procuran no conocer las Escrituras y el poder de Dios no solo se equivocan, sino que viven vidas equivocadas. La equivocación más grande en la vida de cualquier persona es la de no contar con el Diseñador de la vida, ni procurar la vida que el Diseñador ha diseñado. Es peligroso ignorar las instrucciones que Dios establece para la vida del ser humano.

Ahora bien, el segundo aspecto considerado en la enseñanza de Jesús es el poder de Dios.

- ¿A qué se refería Jesús con este aspecto?
- ¿Cómo Jesús armoniza este asunto de ignorar el poder de Dios con ignorar las Escrituras?

Pudiéramos atribuirle inicialmente a la soberanía de Dios la característica de poder absoluto que tiene, en términos del propósito que Dios tiene con todas las cosas. En ese sentido, Jesús implica que el Padre tiene el poder para resucitar a los muertos, y que la realidad de esta verdad no estaba sujeta a la creencia o no de los saduceos.

Por otra parte, la enseñanza de los saduceos establecía que si la resurrección era real, la misma debía corresponder a la creencia de que, entonces, la vida en la resurrección debía ser una continuación de la relación terrenal.

Para ello, se amparaban en la ley del levirato, la cual era un mandato establecido en Deuteronomio 25, mediante la cual, si un hombre moría y no tenía hijos con su esposa, su hermano venía obligado a tomar a la viuda y emparentar con ella, de modo que los hijos de esa relación representaran la continuidad de la descendencia del difunto.

Es por eso que presentan a Jesús la ilustración de la mujer que se casa con cada uno de los 7 hermanos de una familia al fallecimiento del anterior.

Los saduceos creían que era imposible la resurrección, así como sería imposible que se pudiera determinar de cuál de los 7 hermanos sería la mujer en la resurrección. Desde luego, la intención detrás de la pregunta era ridiculizar la creencia de la resurrección, planteando un caso igualmente absurdo y ridículo.

En ese sentido, Jesús implica que, tanto la premisa como la creencia, demuestran una ignorancia total de la verdad bíblica y un desconocimiento total del poder de Dios. Por tanto, en primer lugar, la declaración de Jesús en cuanto a la vida después de la muerte se convierte en una afirmación del poder de Dios. Un poder que no debe ser ignorado ni supeditado a nuestro poder o nuestra creencia. Jesús dice que eso es una equivocación. Eso es errar.

Por otro lado, Jesús destaca la equivocación de los saduceos a partir del error de pensar en el cielo en términos terrenales, como si se tratara de una extensión de la vida de este mundo. Ese es el señalamiento principal de Jesús al indicar que "en la resurrección ni se casarán, ni se darán en casamiento, sino que serán como los ángeles de Dios en el cielo". (Mateo 22:30).

Todo esto pone de manifiesto que no podemos ignorar las Escrituras ni el poder de Dios cuando consideramos los asuntos de Dios en nuestra vida, o cuando consideramos nuestra relación con Dios.

En ese sentido, esta consideración práctica del pasaje aplica también directamente a nosotros. Las grandes equivocaciones del pueblo cristiano surgen cuando no escuchamos, ignoramos, o no procuramos conocer:

- Lo que Dios dice. (Las Escrituras).
- Lo que Dios hace. (El poder de Dios).

Resulta que nosotros, en muchas más ocasiones de las que quisiéramos admitir, también erramos en ignorar las Escrituras y el poder de Dios. Nosotros también, en ocasiones, procuramos construir una relación con Dios sin considerar lo que Su Palabra nos enseña y aconseja. Somos como el hombre que ignoró las instrucciones de ensamblaje del equipo eléctrico que le fueron entregadas para realizar la tarea. Pero eso no es todo. Resulta que de ahí también se derivan otras grandes equivocaciones:

- Por cuanto ignoramos las Escrituras, (lo que Dios dice), muchas veces terminamos aceptando y creyendo que Dios ha dicho lo que en realidad no ha dicho.
- Por cuanto ignoramos el poder de Dios, (lo que Dios hace), terminamos aceptando y creyendo que Dios hace cosas que en realidad no hace.

Note bien, entonces, por qué Jesús le indica a los saduceos que habían errado. Los saduceos erraban en negar la resurrección, por lo que, de acuerdo a las palabras de Jesús, quien niega la resurrección niega el poder de Dios e ignora las Escrituras, pues ambas cosas, tanto la verdad de Dios inspirada en las Escrituras como el reconocimiento del poder de Dios, son elementos indispensables de la fe.

En nuestros tiempos, la enseñanza práctica del pasaje establece en gran medida que quien niega la resurrección de Jesús pudiera estar negando implícitamente la muerte de Cristo, porque si no murió, la resurrección no tiene ningún sentido. Y, desde luego, quien niega la muerte redentora de Cristo está negando el evangelio de Jesucristo, y quien niega el evangelio de Jesucristo, está también negando el poder de Dios para salvación.

El evangelio, entonces, representa poder de Dios. Esto afirma el hecho de que no es posible desvincular la verdad bíblica del propósito del evangelio.

- La Biblia gira en torno a la verdad absoluta de que en Jesús tenemos a Nuestro Único Salvador.
- Las profecías bíblicas apuntan directamente a Jesús como el mayor cumplimiento profético de todos los tiempos.

- Jesús es la demostración de amor más elocuente de parte de Dios mismo.
- En Jesús encontramos la demostración de amor que cumple total y cabalmente con toda la Ley y los profetas.

Por tanto, ignorar las Escrituras y el poder de Dios es también ignorar el poder del evangelio de Jesucristo. No cabe duda de que ciertamente los saduceos habían errado malamente al ignorar las Escrituras y el poder de Dios.

Ahora bien, ¿querrá eso decir que nosotros los cristianos, porque conocemos las Escrituras y hemos visto el poder de Dios, no nos equivocamos? Sucede que, en muchas más ocasiones de las que quisiéramos admitir, nosotros también pudiéramos estar errando cuando ignoramos las Escrituras y el poder de Dios.

Usted me puede decir: "Pastor, pero si yo escudriño la Palabra de Dios, y procuro que el poder de Dios opere en mi vida constantemente, ¿cómo puede ser esto posible? Desafortunadamente, la creencia de muchos cristianos es que Dios hace, o debería hacer todo por ellos.

No sé de dónde obtuvieron esa premisa equivocada para fundamentar su creencia, pues la Palabra de Dios nos indica claramente lo contrario. He aquí algunos ejemplos:

- Esfuérzate y se valiente. (Josué 1:9).
- El reino de los cielos sufre violencia, y los violentos lo arrebatan. (Mateo 11:12).

Tal vez formularon premisas equivocadas tal y como lo hicieron los saduceos. La realidad es que Dios nos da las Escrituras, pero somos nosotros quienes debemos escudriñarlas. La realidad es que Dios es Todopoderoso, pero somos nosotros quienes debemos procurar que el poder de Dios opere en nosotros.

- Si realmente queremos ver a Jesús, y la multitud no lo permite, tendremos nosotros que subirnos al árbol sicómoro, como lo hizo Zaqueo.
- Si realmente queremos experimentar el poder sanador de Jesús, tendremos que meternos entre la gente y luchar contra la multitud, como lo hizo la mujer del flujo de sangre, para, al menos, tocar el manto de Jesús.
- El reino de los cielos se ha acercado. (Mateo 3:2, 4:17). Nos corresponde a nosotros arrebatarlo.

Ignorar las Escrituras y el poder de Dios es una cuestión tan simple como no buscarlos. Debemos procurar no ignorar las Escrituras y no ignorar el poder de Dios.

No podemos hacer como el segundo hombre de nuestra ilustración. Ya las Escrituras nos fueron dadas. Es nuestro deber escudriñarlas. Dios tiene todo poder. Jesús tiene toda la potestad y autoridad. Nos corresponde a nosotros buscar el poder de Dios, procurando mantener una relación íntima con el Dios de poder.

Si no contamos con las Escrituras ni con el poder de Dios no podremos ensamblar el proyecto de vida que Dios ha puesto en nuestras manos. En ese sentido, hay varias maneras de ignorar las Escrituras y el poder de Dios: Cuando las echamos a un lado y creemos que podemos hacer el proyecto por nuestra cuenta, o simplemente cuando no somos diligentes en buscar y utilizar las Escrituras y cuando no procuramos contar con el poder de Dios.

Seguramente te has preguntado: ¿Cómo puedo manejar efectivamente los asuntos importantes de mis relaciones sociales y familiares? ¿Mis problemas de salud? ¿Mi preparación o capacitación para procurar un mejor bienestar? ¿El fortalecimiento de mi relación con Dios y el mejoramiento de mi vida espiritual?

La respuesta es simple: Yendo a las instrucciones. No ignorando las Escrituras ni el poder de Dios. Es hora de no hacer lo que hizo el primer hombre. Es hora de hacer lo que el segundo hombre debió haber hecho. No ignoremos las Escrituras ni el poder de Dios.

No erremos, pues si insistimos en hacer lo que hizo el primer hombre, o insistimos en no hacer lo que debió haber hecho el segundo hombre, fracasaremos en nuestra encomienda, y el trabajo en la prestigiosa empresa, con todos sus beneficios, no será nuestro...

OPCIONES, DECISIONES, CONSECUENCIAS

Lectura: Romanos 8:28

Este pasaje en uno de los pasajes favoritos del pueblo cristiano. Sobre todo, porque entiendo que para muchas personas este pasaje es una declaración de fe. Es una declaración de fe porque expone y afirma una verdad en la que muchos nos hemos apoyado espiritualmente en momentos en los que nuestra fe se ha debilitado. Cuando más vulnerables nos sentimos en nuestra fe, este pasaje pareciera reconfortarnos de manera especial.

Al decir que este pasaje es una declaración de fe, queremos decir que, en términos generales, la fe es aquello que nos sostiene en nuestro pensamiento, en nuestra posición o en lo que hemos creído cuando las circunstancias son contrarias o adversas a ese pensamiento, a esa posición o a aquello en lo que hemos creído. Una declaración de fe es aquello que afirma, impulsa y alienta nuestra fe.

Ahora bien, yo quisiera desarrollar las posibilidades que encierra este pasaje dentro de un contexto más amplio. En mi humilde opinión, este pasaje presenta una cuestión de causa y efecto. Según el texto, los resultados de las situaciones particulares de la vida dependerán en gran medida de unos factores específicos que determinarán esos resultados.

Si esto es una realidad, sería razonable pensar que esa misma dinámica de la vida se sostiene por la declaración de este pasaje de Romanos 8:28. Es decir, los resultados de ciertas cosas serán el producto de otras cosas.

Este es un pensamiento sencillo, pero muy profundo. Digo esto porque, entonces, lo que el texto trata de establecer es que esta relación de causa y efecto es una realidad indiscutible, no sólo en la vida de los cristianos, sino en la vida de todos los seres humanos. Por tanto, el pensamiento no es meramente profundo, sino que también es amplio en gran manera.

Es este, precisamente, el contexto en el que deseo desarrollar las posibilidades que tiene este pasaje. Para ello, he diseñado un diagrama (llamado también flujograma), que presenta de manera gráfica esta relación de causa y efecto de la que quiero hablarles.

A propósito, un flujograma es, precisamente, un diagrama que ilustra el flujo ordenado de ideas, o una planificación ordenada que considera todas las alternativas o posibilidades que puedan surgir en la implementación de esas ideas o esos planes. Este es un recurso utilizado por mucho tiempo por programadores y analistas de sistemas computadorizados de información.

(Conozco este recurso pues mis estudios universitarios fueron inicialmente en programación de sistemas de información. Soy, pues, programador por educación, contable por experiencia y ministro y psicólogo por la gracia de Dios).

De acuerdo al pensamiento que queremos desarrollar, existen 3 elementos importantes en esta dinámica de causa y efecto de la realidad de la vida que debemos considerar en nuestro análisis:

1. Opciones
2. Decisiones
3. Consecuencias

Estos 3 elementos son fundamentales para establecer esta tesis. De hecho, son estos 3 elementos los que configuran esta relación de causa y efecto de la realidad de la vida. Ahora bien, ¿cuál de ellos pudiéramos considerar primero? ¿Cómo funcionan estos 3 elementos juntos?

Lo primero que se consideran son las opciones. Las opciones son las diferentes alternativas que nos presenta la vida, de las cuales nosotros consideramos, escogemos y decidimos aquellas que nos parecerán las más apropiadas o adecuadas. Es de acuerdo a las opciones que nos presenta la vida que surgen las decisiones.

Decidimos de acuerdo a las opciones que tenemos. Como resultado de esas decisiones surgen las consecuencias. Las consecuencias nos demostrarán, entonces, si las decisiones fueron las correctas. Si escogimos la mejor opción.

Las consecuencias son las circunstancias de la vida que hoy vivimos gracias a las decisiones que tomamos, de acuerdo a las opciones que tuvimos en determinado momento.

Entonces, nuestro diagrama sería algo como esto:

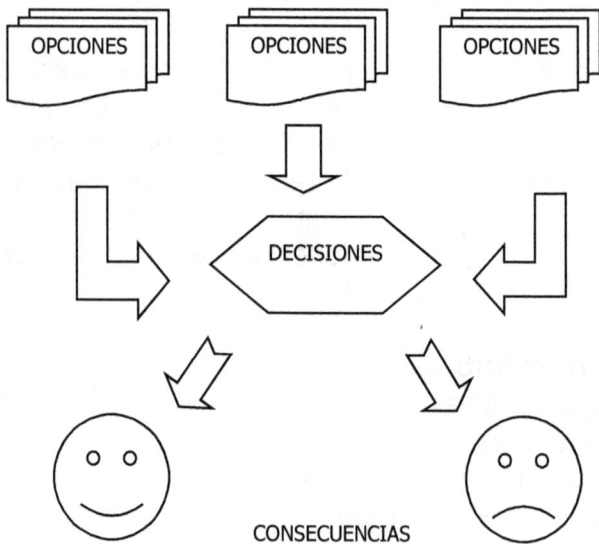

Lógico, ¿no le parece?

Entonces, ahora que hemos desarrollado nuestro pensamiento general sobre las opciones, las decisiones y las consecuencias, vamos ahora a filtrarlo a través de Romanos 8:28. Llevemos esta realidad de la vida al contexto de las Escrituras.

Romanos 8:28 revela una verdad hasta ahora oculta o transparente. Esa verdad es, simple y sencillamente, que toda opción va a producir una decisión, lo que a su vez va a producir una consecuencia. Esa verdad está ahí. Casi no se ve, pero puede interpretarse.

Ahora bien, ¿qué podemos decir en relación a las opciones, las decisiones y sus consecuencias? Pudiéramos filosofar en ese sentido. Yo, por mi parte, soy más práctico. Prefiero decir que, tanto las opciones, como las decisiones y sus consecuencias pueden clasificarse de dos maneras. O son buenas o son malas.

Profundicemos un poco más en nuestro análisis. Hemos establecido que las opciones producen decisiones que, a su vez, traen consecuencias. Si este es el orden que establece nuestro diagrama, y es a su vez el orden que sustenta esa verdad transparente de Romanos 8:28, entonces podemos establecer las siguientes verdades:

- Las malas consecuencias son resultado de malas decisiones hechas por escoger malas opciones.
- Las buenas consecuencias son resultado de buenas decisiones hechas por buenas opciones.

La gente acostumbra decir que las malas consecuencias son resultado de malas decisiones. Sin embargo, eso no es del todo cierto, de acuerdo a lo que hemos establecido. Cabe entonces preguntarnos, ¿de dónde surgen realmente las malas consecuencias que sufre la humanidad? No es, precisamente, de malas decisiones, sino de malas opciones.

Las terribles consecuencias que sufre la humanidad son a raíz de las malas opciones que han tenido, que a su vez los han llevado a tomar malas decisiones. Sin embargo, nosotros, los que hemos reconocido a Cristo como Señor y Salvador de nuestras vidas, hemos demostrado al mundo algo diferente. No es, precisamente, que hemos tomado una mejor decisión, sino que hemos reconocido que hay una mejor opción para nuestra vida, y nos hemos decidido por ella. Hemos reconocido que no hay mejor opción que Jesucristo.

La condición del mundo ha ido, e irá de mal en peor mientras no reconozca que tiene una mejor opción. Una opción por la que puede decidirse.

Y si el mundo se decide por esa mejor opción, que es Cristo, las consecuencias serán unas realmente gloriosas y extraordinarias.

Un buen cuadro siempre se echa a perder cuando el marco no es bueno. Por otra parte, un buen marco mejorará la condición del cuadro, independientemente de la calidad del cuadro que se presente. El mundo, por su parte, presenta un cuadro verdaderamente desastroso. Sin embargo, hay una mejor opción que puede cambiar el panorama gris de este mundo.

- Sólo Cristo puede cambiar y transformar.
- Cristo es la mejor opción.
- Cristo es la mejor decisión.
- Cristo es la mejor consecuencia.

Unas buenas consecuencias no vendrán cambiando las decisiones, sino cambiando las opciones. La psicología sugiere que, para que haya un cambio en la actitud y la conducta, es necesario un cambio de ambiente. Es necesario, entonces, que el mundo se exponga al buen camino, a la buena opción. De esta forma, las decisiones serán buenas y sus consecuencias también.

¿Cuál ha sido nuestro caso? Comencemos diciendo que hemos reconocido a Cristo como la opción a tomar en nuestra vida. Esa opción nos ha llevado a tomar una decisión. Nosotros hemos decidido seguir a Jesús.

Por tanto, podemos decir que, entonces, no tendremos malas consecuencias en nuestra vida porque hemos tomado la mejor decisión, contando con la mejor opción.

No obstante, aun con la opción y la decisión de seguir a Cristo, una buena pregunta a considerar en este momento sería: ¿Será esto totalmente cierto? Algunos me dicen: "Pastor, ¿cómo puedo yo afirmar que eso es cierto si desde que me convertí a Cristo las cosas me han ido mal? No entiendo. Ahora que sirvo a Cristo es cuando más cosas terribles me han sucedido."

Permítame ampliar un poco el pensamiento de Pablo. En Romanos 8:28, Pablo asegura que **todas las cosas**, buenas o malas, ayudarán a bien a los que aman a Dios. Esto establece varias verdades bíblicas:

1. Entre las cosas que nos han de suceder en este mundo habrán cosas buenas y cosas malas.
2. Las cosas malas que nos suceden pueden ayudarnos a bien, siempre y cuando nosotros amemos y permanezcamos amando a Dios, a pesar de esas cosas malas.
3. Si las cosas malas que nos suceden puede ayudarnos a bien, es porque es Dios quien hace esto posible.

Dentro de las opciones y el plan de Dios, ninguna decisión y ninguna consecuencia serán malas. La voluntad de Dios es siempre buena, agradable y perfecta. Aún de aquello malo que nos pudiera pasar considerando buenas opciones, Dios hará algo bueno.

Un ministro de Dios dijo en una ocasión: "Dios hace de un mal momento un momento de gloria. Lo hizo en la creación, lo hizo en la cruz y lo hace hoy". Si todo está dentro del propósito de Dios, NADA saldrá mal.

Ahora bien, este no es meramente un pensamiento que pudiera surgir de una declaración de fe sin fundamento. Si buscamos en ese mismo capítulo, específicamente en Romanos 8:18, notaremos que esta declaración de fe surge como consecuencia de una verdad que el mismo Pablo declara. Romanos 8:18 nos dice:

"Pues tengo por cierto que las aflicciones del tiempo presente no son comparables con la gloria venidera que en nosotros ha de manifestarse". (RV).

Noten ustedes que Pablo afirma esta declaración como una cuestión de hecho. Pablo lo afirma al punto de decir que *lo tiene por cierto*. Esta certeza de Pablo está basada en declaración de fe, que para él es una verdad muy profunda y especial.

Si combinamos ambas declaraciones, es decir, Romanos 8:18 y Romanos 8:28, podemos concluir con lo siguiente:

1. Las situaciones adversas que enfrentamos en nuestra experiencia de vida cristiana no vienen como consecuencia de haber reconocido a Cristo como nuestra mejor opción.

A veces nuestras circunstancias difíciles vienen a nuestra vida a consecuencia de malas decisiones de otras personas, por consecuencia natural de la vida o por decisiones que hemos tomado sin contar con Cristo, que es la mejor opción. Por tanto, nuestras decisiones, cualesquiera que sean, deben estar dentro del marco de las buenas opciones. Deben contar con Dios.

2. Las situaciones difíciles en nuestra experiencia de vida cristiana nunca serán de carácter permanente.

Las cosas malas que suceden en nuestra vida son ciertamente reales. El mismo Jesús afirmó que esas cosas malas, esas aflicciones serían una posibilidad real en nuestras vidas. (Juan 16:33). Sin embargo, en Romanos 8:18, la Escritura establece que, aunque estas aflicciones son reales, no serán la consecuencia final de nuestra decisión por Cristo.

El problema que puedes estar pasando en este momento no representa tu consecuencia final. En Cristo, nuestra historia JAMAS terminará en una mala consecuencia. Todavía Dios no ha dicho la última palabra.

Dios ha dicho, y sostiene en Su Palabra, que todas las cosas ayudan a bien de aquellos que amamos a Dios. Si tú amas a Dios, has tomado la mejor opción, te has decidido por Cristo, y tienes problemas, eso no quiere decir que has tomado una mala decisión. Al contrario, es gracias a esa decisión que has tomado por Cristo que la Escritura te declara que la gloria de Dios está en camino de ser manifestada en ti. Dios está a punto de manifestarse gloriosamente en tu vida.

No importa el nombre de tu circunstancia. En Cristo, que es la mejor opción, has tomado la mejor decisión. Por tanto, la consecuencia será buena.

Simplemente, no se ha manifestado todavía.

La buena consecuencia todavía está de camino...

NO ME ATREVO...

Lectura: Mateo 14:22-33, Marcos 6:45-48

No hay lugar a dudas de que una de las características humanas que predomina en nuestra sociedad es la desconfianza. Y no es para menos. Ante la debacle moral, política y económica que reina en nuestros días ya nadie confía en nadie. Existe un ambiente general de desconfianza que ha impactado todas las áreas de la vida. Entonces, ya no se trata de que nadie confíe en nadie, sino de que ya nadie quiere confiar en nadie. Desconfiamos del mecánico, del abogado, del doctor, del pastor, y hasta de nuestra pareja.

Peor aún, en muchos casos desconfiamos hasta de nosotros mismos. Muchas veces nos decimos a nosotros mismos:

- No sé cómo hacerlo.
- No creo que pueda hacerlo.
- Creo que puedo, pero no me atrevo.

La Palabra nos está presentando en este pasaje una escena verdaderamente atrevida. Una osadía extraordinaria ejecutada por un hombre ordinario. Común y corriente. Pero más allá de narrar una escena o contar un suceso, la Palabra nos está presentando un pasaje que encierra unas verdades prácticas para nuestra vida.

Y como el pasaje menciona una travesía en una barca, quiero invitarlo conmigo a realizar esta travesía. Vamos a descubrir cuáles son estas enseñanzas que la Palabra encierra para nosotros en este pasaje.

En primer lugar, yo estoy totalmente convencido de que, si algo Pedro jamás pensó en su vida, fue que pudiera caminar sobre el mar. Pedro era, sin duda, un excelente conocedor del mar. Por tanto, si algo tenía Pedro por seguro era que en el mar se podía pescar, se podía navegar, pero por encima del mar no se puede caminar.

Entonces, sucede algo realmente extraordinario. En medio de la tormenta que los discípulos enfrentaron esa noche en el Mar de Galilea, Pedro vio lo imposible. Pedro vio lo increíble. Pedro vio con sus propios ojos lo que él pensó que jamás vería. Pedro vio a Jesús, su Maestro, caminando sobre las aguas del mar.

Recordemos que Jesús hizo el milagro de la pesca milagrosa en presencia de Pedro. Este fue un milagro que, sin duda, cambió la vida de Pedro. Fue en ese momento que Pedro lo dejó todo para seguir a Jesús. Por otro lado, cada vez que Jesús hacía un milagro en algo que Pedro conocía muy bien, su vida se transformaba dramáticamente.

Pedro fue testigo de muchos milagros realizados por Jesús, sin embargo, no era hasta que Jesús tocaba directamente un elemento conocido por Pedro, que el milagro realmente lo impactaba.

Esto mismo sucede muchas veces con nosotros. Vemos y escuchamos testimonios de milagros hechos por Dios en otras personas y, aunque nos alegramos y damos gloria a Dios, no es hasta que Dios hace un milagro en nosotros o en nuestra familia que realmente aquilatamos el poder y la maravilla de Dios. Por eso estoy convencido de que Dios siempre tendrá un milagro para cada uno de nosotros.

Por otra parte, el propósito de que escuchemos y seamos testigos de los milagros de Dios hechos en otras personas es para que nos demos cuenta de que, si Dios lo hizo con ellos, también lo puede hacer con nosotros.

En esta ocasión, vemos a Jesús haciendo otro milagro que, sin duda, cambió la vida de Pedro mucho más de lo que ya había sido cambiada. ¿Por qué? Tanto en la pesca milagrosa como en el milagro descrito en este pasaje, Jesús estaba haciendo un milagro extraordinario en medio de unas circunstancias que, hasta ahora, Pedro había conocido como ordinarias. Jesús estaba haciendo posible un milagro en una situación donde Pedro sabía muy bien que eso era imposible. Los milagros de los que Pedro había sido testigo en el pasado no tenían que ver nada con lo que él conocía como su circunstancia, como su realidad.

Con la realidad propia de su vida. Por tanto, ver a Jesús caminar sobre las aguas era:

- Romper con las reglas que hasta ahora él había entendido que era su vida.
- Era ver un milagro en el mar, que era su vida.
- Era, entonces, ver un milagro en su vida.

Siendo así, podemos entender por qué el milagro de la pesca milagrosa hizo que Pedro hiciera lo inexplicable, lo atrevido, lo absurdo, lo que él jamás hubiera hecho: Abandonar la pesca. Y es por esa misma razón que ahora, viendo a Jesús caminar sobre las aguas, Pedro fue capaz de hacer lo inexplicable, lo atrevido, lo absurdo, lo que él jamás hubiera hecho: Salir de la barca a caminar sobre el mar.

Muchos juzgan a Pedro en este pasaje como un hombre falto de fe porque comenzó a hundirse. Ciertamente Jesús le reclama a Pedro su falta de fe. Lo que le sucedió a Pedro no es otra cosa que el triste y desafortunado efecto de la desconfianza. Desconfiar de Dios porque las circunstancias son adversas es, ciertamente, falta de fe. Yo pienso, sin embargo, que analizar este pasaje de esa forma es una forma muy liviana de tomar la enseñanza del pasaje. Si viéramos este pasaje de esa forma únicamente, estamos reforzando de alguna manera el temor de aquel que prefiere decir: "No me atrevo".

Seamos razonables. La situación que presenta este pasaje es una verdaderamente crítica. Ante lo turbulenta de las aguas, para los discípulos era una garantía de vida permanecer en la barca. Al menos, mientras la barca no se hundiera, ellos permanecerían a flote. Por otra parte, salirse de la barca era, sin duda, hundirse inmediatamente. No obstante, Pedro, en un acto de valentía, sale de la barca y se dispone a caminar sobre las aguas hacia donde está Jesús.

Ahora, note algo muy importante. Pedro no sale de la barca hasta que ve a Jesús. Desde luego, la enseñanza del pasaje no consiste en estimularnos a tomar decisiones de forma imprudente o alocada. Debemos saber discernir entre imprudencia y fe. Para realizar grandes cosas en la vida no basta con tener coraje para hacerlas. Es necesario contar con un elemento indispensable. Es necesario que, a pesar de las dificultades y tormentas en el mar de nuestra vida, no pongamos la mirada en fantasmas. Es necesario ver _primero_ que Jesús está sobre las aguas.

Si usted no ve a Jesús sobre las aguas del mar de su vida, mi recomendación es que no se arriesgue. Pedro se aseguró primero de haber visto bien. Se aseguró que lo que veía no era un fantasma. ¡Era Jesús!

Es entonces que se produce una de las enseñanzas más extraordinarias que tiene este pasaje. En el v.28 Pedro le dice a Jesús que lo mande a ir a Él. Note que Pedro no se lanza a lo loco. Pedro espera en Jesús.

Pedro pudo haberse visto tentado a salir inmediatamente de la barca tan pronto lo vio. Esto hubiera sido comprensible. Imagínese por un momento que usted se encuentre batallando largas horas en medio de un mar embravecido y con un viento contrario (v.24). De pronto, usted ve que vienen a rescatarlo. ¿No considera usted un tanto inhumano que luego de tan larga batalla, todavía tenga que esperar un poco más para que su rescate, que ya está ahí a su lado, finalmente lo salve? Lo que más usted quisiera sería que lo rescataran de inmediato. Sin embargo, Pedro esperó que Jesús le dijera "Ven".

Y nosotros, ¿qué haremos? ¿Saldremos corriendo a lanzarnos al mar embravecido de manera irresponsable o esperaremos en Dios? Esperar es la parte más difícil. "El que espera, desespera", dice el refrán. Pero Pedro esperó en Jesús. ¿Lo haremos nosotros?

Usted me dirá: "¿Por qué esperar? Ya Jesús está ahí. (De hecho, Jesús siempre ha estado ahí). "Vamos pa' lante. ¡Ahora es!!".

Permítame considerar lo que dice Marcos 6:48. En este otro pasaje, (que es paralelo al pasaje de Mateo 14), la Palabra nos declara un detalle interesante de este análisis. El v.48 nos dice que Jesús *"vino a ellos andando sobre el mar, y quería adelantárseles".* (RV). ¿Por qué adelantarse? ¿No era mejor llegar directamente hacia ellos? Creo tener una razón para esto.

Jesús pretendía hacer mucho más que un milagro. Jesús quería adelantarse para impartir control en la situación. Jesús sabe que aquel que va delante es aquel que dirige, que controla, que tiene el dominio de las cosas. Y eso es, precisamente, lo que Jesús quiere hacer en nuestra vida. Él quiere impartir control para que no nos descontrolemos ni tengamos temor en medio de la adversidad.

Él quiere ir al frente, para que no nos desenfoquemos de la fuente de poder. Jesús quiere adelantarse a lo que tú consideras como inesperado en tu vida, para que, cuando el mar de tu vida esté embravecido y tormentoso, tú no tengas temor. Lo hace para que no veas fantasmas en medio de tu problema, sino para que lo veas a Él en medio de tu problema.

No te desesperes si en algún momento piensas que Jesús te ha pasado por el lado en medio de tu problema.

- Tranquilo, Él se está adelantando.
- Confía, Él está ahí.
- Él está al frente.   Él está presente.   No temas.

Ahora bien, si ya has visto a Jesús en medio de tu problema, no te distraigas, no te desenfoques. No quites tu mirada de Jesús.

Hace un rato te mencioné que sería muy fácil decir que Pedro no tuvo fe porque comenzó a hundirse.   Yo pienso que bastante fe necesitó para hacer lo inexplicable.   Tuvo la fe suficiente como para salir de la barca y experimentar lo extraordinario.   Pedro no comenzó a hundirse simplemente porque le faltara fe.   Pedro comenzó a hundirse porque, a pesar de su poca fe, dudó. Desconfió. Desconfió de su propia fe. Como a muchos de nosotros. Tenemos miedo. Dudamos. Desconfiamos. Pero peor aún, Pedro comenzó a hundirse porque apartó lo ojos de Jesús.

Pedro sabía que el mar estaba turbulento.   El problema para Pedro consistió básicamente en enfocarse en la turbulencia y apartar de esa forma su mirada de Jesús. La enseñanza para nosotros en este sentido no es precisamente ignorar o no reconocer que tenemos problemas. La enseñanza para nosotros consiste en que, a pesar de las turbulencias y tormentas que se levanten, nosotros miraremos y confiaremos en Jesús.

No obstante, el pasaje tiene otra enseñanza para nuestra vida. Note bien que Pedro, en el momento que comenzó a hundirse no se devolvió a la barca.

- No le pidió ayuda a los discípulos.
- No buscó confiar en su habilidad o su fuerza.
- Aprendió la lección.
- Buscó la ayuda de Aquel que le dijo "Ven".
- Buscó la ayuda de Jesús.

La enseñanza de este pasaje no se queda meramente en que si apartamos la mirada de Jesús nos hundiremos. Yo creo que eso ya lo sabemos. Pero, si profundizamos en el pasaje también aprenderemos que si nos estamos hundiendo en el mar de la vida es necesario mirar a Jesús.

Caerse es malo, pero no es lo peor ni es lo definitivo. Caer es parte de nuestra realidad de vida. Quedarnos en el suelo sí es malo. Peor aún, quedarse en el suelo es desastroso, si no ponemos nuestra mirada en Jesús.

Así que, si estás en el suelo, si te estás hundiendo, ¡levántate! ¡Mira a Jesús! Él te está diciendo "VEN". Atrévete a lo extraordinario. Atrévete a una relación con Dios más profunda.

¿Estás buscando cambiar la rutina de tu vida? ¿Quieres algo diferente? ¡Confía!

Confía en Jesús. Jesús te está diciendo "Ven". Por tanto, si Jesús te ha dicho "Ven", entonces sólo te queda una cosa por hacer: ¡Sal de la barca y camina sobre el mar! Si Jesús te llama a hacer lo imposible, ¡HAZLO!! Él está ahí. Él se ha adelantado a tu circunstancia. Entonces confía. ¡SAL DE LA BARCA!

Jesús caminó sobre las aguas porque Él sabía que podía hacerlo. Y si Jesús te ha dicho "Ven, y camina sobre las aguas", es porque Él sabe que tú también puedes hacerlo. Para caminar sobre el mar, fue necesario que Pedro saliera de la barca. Por tanto, para que puedas caminar sobre el mar, es necesario que salgas de tu barca.

¿Qué representa tu barca? ¿Qué te detiene a vivir lo extraordinario?

- El miedo.
- La desconfianza.
- La comodidad.
- La lógica.

Hemos visto que hay riesgos. Pero también hemos visto que es posible caminar sobre las aguas. Escoge tú lo que quieres.

¿Quieres seguir pensando que es imposible, o quieres experimentar lo extraordinario? ¿Vas a escoger el "No me atrevo" o prefieres cambiarlo por el "VEN" de Jesús?

EL A-B-C DEL CAMBIO

Lectura: 2 Reyes 7:3-11

La vida en muchas ocasiones no es como nosotros quisiéramos que fuera. ¿A quién no le gustaría vivir una vida libre de problemas y preocupaciones? ¡Sería ideal si la vida no fuera a veces tan complicada, tan difícil y tan dura!

A lo largo de nuestro caminar en el Evangelio, hemos aprendido que, aun cuando Dios está a nuestro lado en momentos difíciles, los momentos difíciles nos acompañarán a lo largo de nuestra vida. La maravillosa diferencia está en que siempre será mejor atravesar esos momentos de la mano del Señor. Sin embargo, ¿de qué depende que podamos atravesar por en medio de situaciones difíciles y no que las situaciones difíciles nos atraviesen por el medio?

Debo confesarles que este pasaje se me hizo complicado para desarrollar. Sobre todo, porque los comentaristas y estudiosos de las Escrituras apenas argumentan de este pasaje. En su mayoría, solamente lo mencionan como parte de una situación desesperada por la que atravesaba el pueblo de Israel. El pueblo de Israel había sido sitiado, acorralado en Samaria por los ejércitos de los sirios, a tal punto que el pueblo empezó a carecer de los artículos básicos, como la comida.

El hambre era tal que 2 Reyes 6 narra la historia de 2 mujeres que se pusieron de acuerdo para comerse al hijo de cada familia. Después que una de las mujeres entregó a su hijo para que fuera comido, la otra mujer escondió a su pequeño y no quiso entregarlo, formando esto un argumento que fue traído a la consideración del rey. ¡Qué situación tan terrible!

Sin embargo, y a pesar de esta situación, este pasaje de 2 Reyes 7:3-11 narra una historia que ciertamente tiene unas enseñanzas maravillosas para nuestra vida. Este pasaje nos presenta a 4 leprosos que quisieron hacer algo diferente a lo que estuvieron haciendo hasta este momento. Nos presenta a 4 personas que estaban dispuestas a cambiar sus vidas.

Es por eso que, analizaremos este pasaje a la luz de unos principios que hemos llamado "El ABC del cambio".

1. El deseo de cambio es un grito de guerra y de protesta ante una situación desesperada (v.3).

Las situaciones desesperadas nos hacen tocar fondo. Desafortunadamente, muchas personas que atraviesan por una situación desesperada prefieren poner su vista y su confianza en los recursos que tienen a su alrededor. Confían en sus propias fuerzas.

Pero, cuando todos sus recursos y sus fuerzas se acaban, es entonces cuando llegan al "fondo del barril".

Lo bueno de una situación como esa es que, como ya no hay hacia donde más mirar, no les queda otro remedio que comenzar a mirar hacia arriba. Digo que es bueno porque cuando miramos hacia arriba lo hacemos buscando a Aquel que siempre tiene fuerza y recursos para bregar con nuestro problema. Cuando miramos arriba miramos a Dios. Y es aquí donde comienza el ABC del cambio.

Cuando comenzamos a mirar hacia arriba, hemos comenzado a cambiar la dirección de aquel camino que nos llevó al fondo del barril. Es cuando miramos hacia arriba que nos damos cuenta que nuestra situación puede cambiar. Y es que cuando llegamos al fondo del barril, ya no podemos bajar más. Mirar hacia arriba nos dice que nuestro próximo paso, después de caer, es comenzar a subir. Este es el principio del cambio. Mirar hacia arriba es, sin lugar a dudas, un paso de avance en nuestra ruta al cambio.

Pero, ¿qué requiere de nosotros comenzar un cambio? En primer lugar, tenemos que analizar nuestra situación. Esto es, reconocer que estamos en el fondo del barril. Reconocer que más abajo no podemos llegar.

¿Qué dijeron los leprosos en el v. 3? "¿Para qué estamos aquí hasta que muramos?". (RVR60). Este es el llamado del Espíritu que nos reclama: ¿Qué haces ahí tirado? ¿Qué vas a hacer con tu vida?

2. El atrevimiento al cambio (v.4).

Una vez entendemos este reclamo del Espíritu que nos hace reconocer dónde hemos caído, debe surgir una pregunta en nuestro ser. Una inquietud que debe contrarrestar el golpe de la caída: ¿Quiero salir de esta situación?

¿Por qué traigo esta pregunta? Porque hay mucha gente que reconoce que está mal, que su vida está tirada en el barril sin fondo de su pecado, de su problema o de su situación, y aun así prefieren quedarse donde están. Peor aún, insisten en quedarse en el fondo de su vida. Así que, no basta con mirar hacia arriba, ¡hay que desear estar allá arriba!!! Nosotros, como cristianos, hemos tomado la decisión de movernos hacia arriba. Para nosotros, el querer cambiar fue una opción de vida. Esto tiene una explicación.

Los seres humanos, cuando deciden cambiar, lo hacen para mejorar. Por tanto, el cambio es una decisión de mejoría. Aun cuando hayamos subido en nuestro caminar hacia un cambio, siempre tendremos la oportunidad de seguir subiendo. Pero, ¿hasta dónde?

En Efesios 4:13 Pablo nos exhorta a que crezcamos a la medida de la estatura de la plenitud de Cristo. Por tanto, atrevernos a cambiar en el Señor es el comienzo de nuestro verdadero crecimiento en el Señor.

Por otra parte, lo más estable que tenemos en nuestra vida es el cambio. Constantemente estamos cambiando. Pero en nosotros el cambio es sinónimo de crecimiento. Tal y como indica Pedro, el cambio es dejar nuestra pasada manera de vivir. En 1 Pedro 1:15 dice que debemos ser santos en nuestra manera de vivir, así como el que nos llamó es Santo. Por eso podemos decir que, mientras más cambiamos, más crecemos. Y mientras más crecemos, más subimos. Pero cambiar, crecer y subir es nuestra decisión.

Ante la situación que enfrentaban, ¿qué hicieron los leprosos? ¡Decidieron cambiar!!!

- Cambiar significa querer salir del fondo del barril.
- Es desear estar en un lugar más alto de donde estamos.

En cierta forma, el cambio llegará a tu vida cuando tú quieras que éste llegue. Si esto es así, ¿cuál va a ser entonces tu decisión? ¿Te quedas abajo o subes? ¿Te atreves o no te atreves?

Usted me dirá: "Es que cambiar no es fácil". Ciertamente no lo es. Sobre todo porque querer cambiar nos produce crisis, tensión y temor. Si no me cree, pregúntele a alguien que ha cambiado de trabajo, a alguien se ha mudado a un lugar diferente o hasta a quien se ha hecho un cambio de imagen en un salón de belleza. ¡A veces tenemos temor a perder lo que hemos alcanzado!

Los leprosos pudieron apegarse a la excusa de que al menos no iban a morir como los que estaban dentro de la ciudad. Pero se dieron cuenta de que afuera morirían de todas formas. Se dieron cuenta de que si no se arriesgaban, no perderían, pero ciertamente tampoco ganarían nada. Y es que nuestra actitud determina nuestra decisión.

Pablo exhorta a los romanos a que es necesario un cambio en nuestra actitud para así cambiar igualmente nuestra vida. Romanos 12:2 nos dice, *"No os conforméis a este siglo"*. Seguir con una actitud pasiva no garantiza cambios en nuestra vida. El cambio no cae del cielo, ni se produce por una varita mágica.

La actitud de los leprosos cambió su visión de la situación que atravesaban. No sólo les hizo perder el miedo, incluso a morir a manos de los sirios, sino que también vencieron el temor de no alcanzar su meta.

Era muy cierto que había muchos obstáculos, y el riesgo de no lograr un buen resultado era enorme. Aun así, se atrevieron al cambio. Ellos se dijeron; "Si nos dieren la vida, viviremos y si nos dieren la muerte, moriremos". Si lo logramos, bien, y si no, también.

La Palabra nos dice en Romanos 14:8 que, sea que vivamos o que muramos, somos del Señor. Recordemos también que la Palabra nos enseña que la voluntad de Dios es siempre agradable y perfecta. Aun cuando pensemos que algo salió mal, Dios sabrá por qué ese algo salió mal. Y si Su voluntad es siempre agradable y perfecta, tenga por seguro que eso que salió mal tendrá en nuestra vida un propósito bueno.

No me pregunte cómo. Yo sé que muchos de nosotros podemos testificar que esto es así. Pero, si todo sale bien, no sólo nos daremos cuenta que cambiar nuestra actitud ante un problema es la mejor decisión que podemos tomar, sino que esta actitud siempre trae recompensas.

3. Las recompensas del cambio.

Es importante establecer que generalmente Dios no explica lo que hará en un momento específico. Sería muy fácil si Dios nos explicara cómo hará las cosas en nuestro favor. Pero créame que Dios nunca eliminará de su vida la necesidad de tener fe.

Podemos mencionar muchas razones para que esto sea así. Pero sólo mencionaremos dos. Las mismas las encontramos en Hebreos 11:6. La primera de ellas nos dice que "sin fe es imposible agradar a Dios". Tenga por seguro que usted nunca podrá decir que puede agradar a su pareja, a sus padres, al pastor o a cualquier otra persona si usted no cree en lo que esa persona le dice. Jamás podrá agradar a ninguna persona si cuando esta persona le habla, usted no le cree. Es por eso que cuando conocemos a Dios y escuchamos Su palabra, es necesario que le creamos.

Con nuestra fe en Dios estamos diciéndole a Dios, no sólo que creemos en Él, sino que también le decimos que le creemos a Él en todo lo que nos dice. Si esto es una realidad, la segunda parte del texto, también es una realidad.

La segunda razón sugiere que, si Dios dice que Él recompensará su fe, créalo sin duda. Pudiéramos decir entonces que nuestra fe es el precio que pagamos por la recompensa que recibimos.

Así las cosas, podemos establecer que atreverse a cambiar y obtener las recompensas de este cambio es producto de atrevernos a someter nuestra voluntad a la voluntad de Dios. Es negarnos a nosotros mismos.

Nosotros no necesitamos saber lo que Dios hará, aunque ése sea nuestro más ardiente deseo. Lo único que necesitamos reconocer es que lo que Dios haga, siempre será bueno para nuestras vidas. Lo bueno que Dios haga por nosotros será finalmente nuestra recompensa en pago por la fe que tengamos en Él.

Estos leprosos enfrentaron lo inesperado. Se atrevieron a cambiar su situación y sus vidas. Y lo hicieron reconociendo que el resultado estaba fuera de su control. Ellos no sabían qué iba a pasar, pero ellos sabían que lo que iban a hacer iba a cambiar sus vidas para siempre. Como resultado, encontraron el campamento de los sirios abandonado. Dios había hecho que los sirios lo abandonaran haciéndoles creer que estaban siendo invadidos por ejércitos de Israel y sus aliados.

En esta parte de los versículos 6-7 que encontramos otra lección para nuestra vida. Si nosotros nos proponemos mirar hacia arriba y cambiar nuestra pasada manera de vivir, Dios estará en la mejor disposición de hacer Su parte para que nuestra vida cambie para siempre.

Es claro que, como recompensa a la fe de estos leprosos, Dios permitió que ellos experimentaran una enorme satisfacción personal de triunfo y victoria. La recompensa que recibieron estos leprosos, sin lugar a dudas, superó todas sus expectativas.

No sólo conservaron sus vidas, sino que comieron y bebieron tranquilamente y en adición, tomaron tesoros que pudieron guardar para ellos.

Dios tiene la capacidad de superar todas nuestras expectativas. En Job 42:12 vemos que Dios bendijo a Job mucho más al final que al principio. Definitivamente tenemos que reconocer que el cambio produce beneficios.

4. Deberes y responsabilidades del cambio.

El versículo 11 nos presenta una inquietud que surge en los leprosos ante la experiencia que acaban de vivir. Se dieron cuenta de varias cosas. En primer lugar, no era correcto quedarse callado ante tanta bendición. Ellos entendían que allá en el pueblo de Israel había una gran necesidad y ellos habían encontrado lo que significaba la salvación de sus hermanos. De alguna manera estos hombres fueron movidos a misericordia y decidieron llevar la buena noticia que necesitaba el pueblo. Esta es una lección de amor al prójimo, tal y como La Biblia nos enseña.

Es ese mover a misericordia que Jesús también aplica cuando le relata la parábola del Buen Samaritano al intérprete de la ley. En Lucas 10:36-37, Jesús le pregunta a este hombre que cuál de los 3 personajes había hecho bien.

Cuando el hombre le contesta que el samaritano fue quien lo había hecho bien, Jesús le dice, *"Ve y haz tú lo mismo".*

Ante la necesidad de un mundo que se pierde, Jesús nos dice, "Ve y haz tú lo mismo". "Lo mismo que yo hice contigo, ve y compártelo con el que lo necesita". "Testifica a otros lo que yo he hecho contigo". En Marcos 5:19, Jesús le dice al endemoniado gadareno luego de liberarlo, *"Ve a tu casa, a los tuyos y cuéntales cuán grandes cosas el Señor ha hecho contigo".* Es necesario que nosotros digamos a otros lo que Dios ha hecho con nosotros. Nosotros debemos ir y hacer lo mismo.

También estos hombres entendieron que llevar la noticia no era simplemente un acto de misericordia para con el pueblo. Al decir en el versículo 11 que "si callaban, su maldad los alcanzaría", de alguna manera entendieron que esto también era un deber y una obligación de su parte. Entendieron que no contar la bendición que habían recibido era una ingratitud de su parte a un Dios que había tenido de ellos misericordia.

Esto nos enseña algo muy importante para nuestra vida. Testificar lo que Dios ha hecho en nuestra vida es nuestra muestra de agradecimiento y alabanza al Dios que tuvo misericordia de nosotros.

En contraparte, no testificar lo que Dios ha hecho en nuestra vida es un acto de ingratitud a Dios.

Es nuestro deber, además de tener misericordia con el prójimo y amarlo como a nosotros mismos, contar las maravillas que Dios ha hecho en nuestra vida para que aquellos que están en el fondo del barril comiencen a mirar hacia arriba y empiecen a caminar hacia una vida llena de plenitud en Cristo Jesús.

LO PERFECTO DE LO IMPERFECTO

Lectura: 1 Corintios 1:25

Recuerdo el título de una película del año 1986. El título de la película era *"Children of a Lesser God"* (Hijos de un dios menor o Hijos de un dios imperfecto). Cuando leí el texto que consideramos para nuestro pensamiento, vino una pregunta a mi mente. Tal vez es la misma pregunta que usted haya tenido en algún momento. ¿Hará Dios algo imperfecto?

Estoy seguro que usted me contestaría que no. Estoy de acuerdo con usted. Dios no hace nada imperfecto. Dios nunca hará nada que no represente la esencia de Su carácter. No obstante, vemos que en el mundo ocurren un sinnúmero de barbaridades. Suceden muchas cosas sin sentido. Muchas injusticias. Desastres inexplicables. Los inocentes pagan por culpables. Son unos pocos los que lo poseen todo y son muchos los que no tienen nada. En ese momento pensamos en Dios y decimos: "Si Dios no hace nada imperfecto, ¿por qué ocurren todas estas cosas? ¿Por qué Dios lo permite? ¿Por qué no lo detiene?

El texto que hemos considerado pudiera querer establecer que Dios tiene alguna debilidad, y de acuerdo con lo que vemos que sucede a diario en el mundo, pareciera que la debilidad de Dios está en que no tiene control de lo que sucede.

Tal vez por esa misma razón era que el mensaje del Evangelio era locura, tanto para los gentiles griegos de Corinto como para los judíos radicados en aquella región. No era posible en la mente de ellos la imagen de un Dios compasivo o movido a misericordia por el hombre, porque, de alguna forma, eso significaría que Dios es un Dios que está bajo la influencia del hombre.

Por otra parte, no era posible que un Dios tan poderoso hubiera sido tan débil como para dejarse matar por los humanos. Para ellos, Dios tenía que ser un Dios de grandes estruendos y portentosas señales. No un simple carpintero de Nazaret.

No obstante, cuando Pablo afirma que lo débil de Dios es más fuerte que los hombres, no lo hace destacando que, en efecto, Dios tenga alguna debilidad. Lo hace resaltando la verdad bíblica de que la grandeza de Dios no radica en nuestra expectativa de lo que debe ser Dios.

Dios no es grande y poderoso porque dependa de nuestro criterio. No nos toca a nosotros determinar lo grande que es Dios. No obstante, la grandeza de Dios radica, según Pablo, en que aún en lo más mínimo que nosotros pudiéramos considerar de Dios, Él es verdaderamente grande.

Para explicar nuestro punto consideremos las siguientes preguntas:

- ¿Cree usted que la gente piensa que Dios es grande?

Estoy seguro que la inmensa mayoría contestará en la afirmativa. Entonces, si la gente considera que Dios es grande:

- ¿Cómo puede la gente explicar la grandeza de Dios?
- ¿Por lo que Él es o por lo que Él hace?

Considere esto. Nadie tiene la capacidad de explicar la grandeza de Dios por lo que Él es. Nuestra mente es muy finita para tan grande presunción.

Pablo mismo nos dice en Romanos 11:34-35 lo siguiente: *"Porque, ¿quién entendió la mente del Señor? ¿O quién fue su consejero? ¿O quién le dio a Él primero, para que le fuese recompensado?".* (RVR60).

El salmista David también afirma lo siguiente: *"Detrás y delante me rodeaste, y sobre mí pusiste tu mano. Tal conocimiento es demasiado maravilloso para mí; alto es, no lo puedo comprender".* (Salmo 139:5-6). (RVR60).

Por tanto, ya que el hombre no puede explicar a Dios por lo que Él es, ha pretendido, entonces, explicarlo por lo que Él hace.

Sin embargo, aun cuando podemos reconocer que Dios es grande por lo que hace, no podemos explicar realmente la magnitud de Su grandeza. Aun desde esa perspectiva, cualquier opinión o explicación de nuestra parte se quedaría microscópicamente pequeña ante la grandeza de Dios.

El hombre más sabio sobre la Tierra, el Rey Salomón, tuvo que admitir esta verdad. La Escritura nos dice en Eclesiastés 8:17:

"y he visto todas las obras de Dios, que el hombre no puede alcanzar la obra que debajo del sol se hace; por mucho que trabaje el hombre buscándola, no la hallará; aunque diga el sabio que la conoce, no por eso podrá alcanzarla". (RVR60).

El hombre siempre ha querido una explicación de las cosas. Sobre todo, de aquellas que no comprende. Sin embargo, el hombre no acaba de darse cuenta de que hay cosas de las que nunca tendrá una explicación.

Por otra parte, Dios no acostumbra dar una explicación de todo lo que hace. Y no lo hace, mayormente porque si lo hiciera, estaría eliminando la razón propia de tener fe. Por tanto, como el hombre no tiene una explicación de todo lo que quiere saber, entonces es más fácil darle a esas cosas una explicación propia.

Por otro lado, cuando el hombre no puede explicar las cosas como quisiera, recurre al discurso trillado de que hay cosas que solamente Dios sabe. ¿Saben qué? Tienen razón.

Comenzaremos por destacar una verdad que hemos encontrado en las Escrituras. Ese algo que encontramos es, precisamente, ¡algo que no encontramos! La Biblia no contiene ningún texto que hable de imperfección o imperfecto. Esas dos palabras no existen en la Biblia.

Por tanto, podemos establecer sin lugar a dudas lo siguiente:

- Dios no hace nada imperfecto. Si así fuera, la Biblia lo diría.
- Nada de lo malo que sucede en el mundo o en nuestras vidas es considerado imperfecto por Dios o por las Escrituras. Si así fuera, la Biblia también lo diría.

A esto es necesario añadirle una verdad que todos conocemos: Nada escapa del ojo de Dios. Todas las cosas están sujetas a Su mano y su voluntad, y todas ellas tienen buenos propósitos en el plan de Dios. Por tanto, si todo está bajo el escrutinio de Dios, absolutamente nada de lo que sucede ocurre por error.

Yo pienso que todas las cosas, absolutamente todas, tienen una razón de ser dentro del plan y propósito de Dios.

Debe ser precisamente en este detalle que radica la importancia de las cosas que suceden. Por tanto, para poder identificar estas razones, vamos a destacar unas verdades bíblicas que nos ayudarán a entender de alguna forma por qué suceden las cosas que suceden.

La primera de ellas ya se explica por sí sola.

1. Todas las cosas responden a un propósito de Dios.

Básicamente lo que queremos decir es que Dios no hace las cosas, ni permite que sucedan, sin un propósito. No obstante, aun cuando el pensamiento es profundo, usualmente esta es una respuesta muy común para nosotros. Paradójicamente, utilizamos una verdad muy profunda para no profundizar en esa verdad. Decimos que Dios sabe todas las cosas para no tener que explicar lo que no podemos explicar.

Ahora bien, ¿qué explicación tiene para nosotros todo lo que sucede? Tal vez con las cosas buenas que ocurren no tengamos problemas en aceptar que ha sido Dios quien las ha hecho o las ha permitido. Pero, ¿y qué de las cosas no tan buenas? Si las cosas que suceden no son tan buenas, ¿tendrá Dios un propósito con ellas?

Veamos el segundo punto.

2. Las cosas imperfectas que suceden responden a propósitos perfectos de Dios.

Como sabemos, el propósito de Dios es siempre bueno, agradable y perfecto. (Romanos 12:2). Si esto es lo que la Escritura nos declara, ¿bajo qué criterio podemos decir que las cosas malas que suceden son perfectas dentro del propósito de Dios? La perfección de las cosas radica en la función que realizan. Por tanto, el propósito en las cosas que suceden es que tienen la función de ser perfectas para nosotros, o de producir perfección en nosotros.

Esta fue a la conclusión que llegó una mujer cuando hablaba acerca de la condición de salud de su hijo. Michael era un niño con serias dificultades respiratorias. Su madre a menudo contendía con Dios, pues no podía comprender ni aceptar que un Dios poderoso hubiera permitido que su hijo padeciera de esta condición.

Un día alguien le sugirió que llevara a su hijo a practicar natación. Ella no encontraba lógica en esta sugerencia. No obstante, ella accedió a llevarlo a la piscina olímpica de su comunidad.

Fueron muchas las ocasiones en las que Michael enfrentaría dificultades en hacer la práctica o completar los tramos a nado. Sin embargo, cada vez más había más gente interesada en ayudarlo.

Con el tiempo, Michael comenzó a participar en competencias locales, animado mayormente por amigos que comenzaron a creer en él, y todos los que conocían su condición, comenzaron a apoyarlo. En un principio, existió mucha complicidad entre los competidores y los padres de éstos, permitiendo que el muchacho ganara algunas carreras para ayudarlo en su autoestima.

Mientras tanto, lo que parecía un absurdo comenzó a mostrar sentido, tanto para la madre como para todos los que conocían a Michael. Michael comenzó a superar sus problemas respiratorios.

Para el tiempo en el que el jovencito terminó sus clases de natación, había logrado superar su condición respiratoria, pero además había logrado que todos los que le rodeaban dieran lo mejor de ellos al querer ayudarle. Michael se había convertido en un ejemplo de superación y unidad, y en la razón para que muchas personas descubrieran que eran capaces de hacer algo bueno por alguien.

Hubo un hermoso propósito para la vida de todas estas personas, aun cuando tuvieron que soportar entre ellos a un chico con severos problemas respiratorios. La debilidad de este jovencito fue capaz de producir lo mejor de muchas personas. Por otra parte, fue lo que se produjo en estas personas lo que permitió que este muchacho lograra superar sus impedimentos y sus imperfecciones, y que lograra para su vida un propósito igualmente perfecto.

A propósito, un joven con las mismas características, con la misma historia y con el mismo nombre ha sido capaz de ganar 8 medallas de oro y de romper 7 récords mundiales de natación en las Olimpiadas 2008 en Beijing. Su nombre es Michael Phelps.

El propósito de Dios en todas las cosas siempre será bueno, agradable y perfecto porque Dios nunca pierde el control de las cosas. Todo lo que sucede siempre responde a un propósito perfecto de Dios.

Esto nos lleva a considerar otro punto importante sobre la imperfección de las cosas y la perfección de Dios.

3. Dios se identifica con nosotros de forma perfecta con lo imperfecto que nos sucede.

Las cosas imperfectas o malas que suceden tienen la característica particular de presentarse en nuestras vidas como imposibles. Tal vez por eso es que no podemos explicarlas. Porque son imposibles hasta de explicar.

Sin embargo, una de las virtudes de Dios es, precisamente, ser experto en hacer lo imposible.

- Dios hizo una creación perfecta de una tierra desordenada y vacía.
- Dios fue capaz de hacer que mujeres estériles tuvieran hijos.
- Dios es capaz de dar vida a los hombres por medio de la muerte de Su Hijo.
- De donde no había nada, Dios fue capaz de hacer algo.

Es por eso que Dios se identifica perfectamente con nosotros, aún con todo lo imperfecto e inexplicable que sucede. Lo imperfecto que sucede es la oportunidad perfecta para que la perfección de Dios se demuestre. Esto hace sentido. Si hay algo que es perfecto, Dios no necesita perfeccionarlo. Es precisamente en lo imperfecto donde Dios se glorifica perfeccionándolo, porque solo Él es capaz de hacerlo.

Por eso el Apóstol Pablo puede hacer una afirmación como esta. Dios no limita Su perfección solamente a lo que nosotros consideramos perfecto, sino que Su perfección se manifiesta aún en aquello que a nosotros nos parece imperfecto. No hay debilidades, ni insensatez ni flaquezas en Dios. Lo extraordinario, sin embargo, es que Dios se identifica con nuestra imperfección. Las cosas perfectas que Dios ha hecho con lo imperfecto de nuestras vidas es la demostración más patente de esa identificación de Dios con nosotros.

La pregunta debería ser la siguiente. Si Dios se identifica con nuestra imperfección, ¿por qué no podemos nosotros identificarnos con Su perfección y Su propósito?

Es una pérdida de tiempo y esfuerzo querer explicar algo que no tiene explicación. Por lo mismo, es igualmente una pérdida de tiempo y esfuerzo pretender demostrar que tenemos el control de algo en lo que realmente no tenemos el control. Tampoco es sensato querer adjudicar a Dios los males del mundo como si ese fuera en sí mismo el propósito de las cosas para Dios.

Para Dios no hay:

- Nada imperfecto.
- Nada fuera de Su propósito.
- Nada imposible.

A Dios todo le es posible. A Dios no lo toma por sorpresa nada de lo que ocurre. Pero, sobre todo, Dios es capaz de hacer algo bueno, agradable y perfecto de todo lo que ocurre, incluso de lo imperfecto.

¿De qué depende, entonces, que esto sea posible? De que sometamos nuestra situación imperfecta al Dios que puede convertirla en perfecta. Note bien que no le estoy diciendo que lo entienda. No ceda a la tentación de querer explicarlo todo.

¿Hay algo imperfecto que usted no entiende? Entienda que Dios tiene un propósito con todo. Dios tiene el control. Sométalo a la perfección de Dios. Deje que Dios se lo explique, a su forma, y en su tiempo.

Sólo Dios puede hacer perfecto lo imperfecto.

Lo ha hecho antes.

Lo hace ahora.

Su promesa es que también lo hará...

COSAS DIFERENTES PARA COSAS DIFERENTES

Lectura: 1 Corintios 2:9

Celebrábamos un aniversario de nuestra iglesia junto a otra congregación invitada. La fiesta espiritual fue grandiosa. El mensaje de la noche fue muy inspirador. Sin embargo, mi más impactante recuerdo de la ocasión lo aportó una de las hijas del pastor invitado.

Al terminar el culto, esta jovencita, de nombre Bernice, se me acercó para saludarme. Hizo un breve silencio y luego me dijo: "Pastor, si quiere ver cosas diferentes tendrá que hacer cosas diferentes".

Esta es una paráfrasis muy apropiada de una de las más importantes citas del célebre científico y matemático Albert Einstein. Este importante hombre de ciencias dijo en una ocasión: "Si buscas resultados distintos, no hagas siempre lo mismo".

Siempre es conveniente hacer un recuento de las cosas que hemos hecho o que han sucedido en ocasiones especiales. Recordarlas durante un aniversario, un cumpleaños o una despedida de año siempre nos permite crear una dinámica interesante, pues, entre otras cosas, nos ayuda en lo siguiente:

- Identificar logros – Qué logré.
- Reconocer fracasos – Qué no pude lograr.
- Trazar metas – Qué puedo lograr.
- Ponderar posibilidades – Qué tengo que hacer para lograrlas.

Si partimos de esta premisa, resulta muy interesante considerar este pasaje de la Escritura. Sobre todo, porque este pasaje está manifestando una promesa poderosa, pero a la vez está exponiendo de manera implícita un enorme reto. Es tan sencillo como preguntarnos, ¿hemos alcanzado a ver y oír cosas que ojo no vio ni oído oyó?

Si la contestación nuestra fuera un "sí", entonces le recuerdo que Dios siempre podrá superar nuestras expectativas. Así que, aun cuando piense que lo ha visto y oído todo, todavía le falta ver y oír "cosas que ojo no vio ni oído oyó". Pero si nuestra contestación es "no", (y me parece que esta contestación es más realista y honesta), entonces alcanzar esta promesa nos compromete a enfrentar un reto.

¿Por qué un reto? Porque es razonable pensar que, si usted quiere ver y oír cosas que ojo no vio ni oído oyó, <u>no podrá seguir haciendo lo mismo que ha hecho hasta ahora</u>. Tendrá que comenzar a hacer algo diferente. Si seguimos pensando, haciendo y creyendo de la misma manera de siempre, seguiremos viendo y oyendo lo mismo de siempre.

El reto de Dios es a pensar diferente, hacer diferente y hasta creer en Él de forma diferente.

El Apóstol Pablo sugiere algo parecido, cuando nos invita en Romanos 12:2 a que no nos conformemos a este siglo, sino a que seamos transformados por medio de la renovación de nuestro entendimiento. Sólo entonces dejaremos de ver y oír lo mismo de siempre. Empezaremos a ver y a oír cosas que ojo no vio ni oído oyó.

El pensamiento bíblico es aún más interesante. Si la Biblia establece que estas cosas que ojo no vio ni oído oyó Dios las ha preparado para los que le aman, entonces podemos establecer que:

- Es posible ver y oír cosas que ojo no vio ni oído oyó.
- Ya están hechas. Están preparadas. Están ahí.
- Dios quiere que las veamos y las oigamos.

Esto se pone mucho más interesante, porque si ya esas cosas que ojo no vio ni oído oyó están hechas, si Dios ya las ha preparado para los que le aman, ¿por qué no las veo? ¿Por qué no las oigo? Las razones, aunque usted no lo crea, son mucho más simple de lo que pudiéramos pensar. No las vemos ni las oímos simple y sencillamente porque no estamos mirando hacia lo que debemos mirar y/o no estamos oyendo lo que debemos oír.

Estamos viviendo de manera tan acelerada, tan apresurada y tan descuidada que muchas veces olvidamos el propósito de nuestro servicio. Desviamos la atención de las cosas verdaderamente importantes. Nos desenfocamos de nuestra meta. Este desenfoque es lo que no está permitiendo que veamos y oigamos esas cosas que ojo no vio ni oído oyó, aun cuando ya Dios las ha preparado para nosotros.

Esto sugiere que nuestro problema es, realmente, una cuestión de enfoque. Por tanto, si ese es el problema, entonces será necesario volver a enfocarnos en nuestra meta. Recordar el propósito de nuestro servicio. Redirigir la atención hacia las cosas verdaderamente importantes.

Para ello, sería necesario establecer una estrategia de enfoque que nos permita ver y escuchar esas cosas que ojo no vio ni oído oyó.

Veamos la primera de las consideraciones en esta estrategia.

1. Identificación de nuestro enfoque.

Si nuestro enfoque no está claro, o si nosotros no estamos claros en nuestro enfoque, (que no es lo mismo ni se escribe igual), entonces es necesario redefinir nuestro enfoque o redefinirnos en nuestro enfoque, ¿no le parece?

(Pareciera que estamos repitiendo lo mismo, pero créame, no lo es).

El apóstol Pablo nos presenta cuál es su enfoque, cuál es su blanco, cuál es su meta. Esa meta está muy bien definida para él. Para Pablo ese blanco de la soberana vocación, el premio del supremo llamamiento de Dios es en Cristo Jesús. (Filipenses 3:14). Ahora bien, note que Pablo asegura que, aunque todavía no ha alcanzado su meta, él prosigue a la meta. Pablo demuestra una actitud propia de todos aquellos que no han perdido su enfoque en la meta.

Sin embargo, ¿sabe usted por qué Pablo puede seguir hacia la meta? Por una razón que es fundamental en todos aquellos que no han perdido su enfoque. Pablo puede seguir hacia la meta *porque Pablo ve la meta*. Pablo sigue hacia la meta porque no se ha desenfocado de la meta. Pablo prosigue al blanco porque está identificado con ese blanco. De otra manera, no hubiera estado tan seguro de poder alcanzarla.

No es posible dirigirse hacia una meta si usted no permanece viendo esa meta. Sin embargo, verla con los ojos o verla con los ojos de la fe no es el asunto más importante. En cualquiera de ambos casos produce el mismo efecto. El efecto inmediato de identificar nuestro enfoque, o de que estemos plenamente identificados en el enfoque, es que nos dirige hacia la meta.

Y en nuestro caso, en nuestra experiencia de vida cristiana, es posible ver y llegar hasta la meta, porque nuestra meta en Cristo es total y absolutamente visible.

¿Lo duda? Mire lo que Romanos 1:20 nos dice:

"Porque las cosas invisibles de él, su eterno poder y deidad, se hacen claramente visibles desde la creación del mundo, siendo entendidas por medio de las cosas hechas, de modo que no tienen excusa". (RVR60).

En Cristo es posible ver lo invisible. Pero será posible ver lo invisible, lo que ojo no vio ni oído oyó, si nos mantenemos enfocados en nuestra meta. Si identificamos claramente nuestro enfoque. Si estamos plenamente identificados en el enfoque. Si estamos viendo y oyendo lo que debemos ver y oír.

Una vez logramos la identificación de nuestro enfoque, el próximo punto surge de manera lógica.

2. Crecimiento en nuestro enfoque.

Lo más razonable, aceptable y deseable de vivir una experiencia de vida es que podamos crecer de manera razonable, aceptable y deseable en esa experiencia de vida. En ese sentido, la experiencia de vida cristiana no es la excepción.

Una vez más, el Apóstol Pablo sugiere esta dinámica cuando les explica a los efesios la importancia de los dones ministeriales en la iglesia. El propósito de esta diversidad de dones, como indica en Efesios 4:12-13, es para perfeccionar a los santos, para que todos lleguemos a la unidad de la fe y del conocimiento del Hijo de Dios y para que lleguemos al calificativo de ser *"un varón perfecto, a la medida de la estatura de la plenitud de Cristo".* (Efesios 4:13b). (RV).

Por tanto, la implicación de crecer en la experiencia de vida cristiana está considerada en la Escritura. Ahora bien, el crecimiento en nuestro enfoque es cada vez más posible de entender si recordamos algo. A medida que nos acercamos a nuestra meta, vamos viendo que la misma se hace más grande ante nuestros ojos.

Cada vez que nos acercamos a nuestra meta nos parece que la misma es cada vez más posible de alcanzar. Por tanto, cuando nos enfocamos en nuestra meta, tal vez la veamos muy pequeña o muy lejana al principio.

Sin embargo, a medida que caminamos y nos acercamos a nuestra meta, vamos notando que nuestra meta es mucho más grande y amplia de lo que habíamos imaginado en un principio. ¿Qué sucedió? ¿Creció nuestra meta o creció nuestro enfoque?

Lo que sucede es que, a medida que avanzamos hacia nuestra meta ocurren dos cosas maravillosas:

- Dios se hace más grande en nosotros.
- Nosotros nos hacemos más grandes en Dios.

Si usted está comenzando a ver la grandeza de esta realidad bíblica, usted está comenzando a ver y a oír cosas que ojo no vio ni oído oyó. ¡Aleluya!

Por otra parte, a medida que nos acercamos a nuestra meta, vamos comprendiendo, entendiendo y distinguiendo características particulares de esa meta a la que nos acercamos.

- Cada ver que nos acercamos a nuestro Señor, vamos aprendiendo a conocer más y más Su carácter.
- Vamos experimentando más y más Su poder.
- Cada vez más vemos que Dios se va haciendo más y más grande ante nuestros ojos.
- Cada vez más vamos comprendiendo que Dios es, definitivamente, mucho más grande e imponente que cualquier problema que se nos presente en nuestro camino.
- Cada vez más vamos afirmando que Dios es mucho más grande y atractivo que cualquier cosa que nos presente el mundo para desenfocarnos.

- Cada vez más vemos que Dios es mucho más grande que cualquier otra meta en la que podamos enfocarnos.

Nuestro Dios es realmente grande. ¡Nuestro Dios lo llena todo!!! En ese sentido, nuestra próxima consideración presupone una reacción de parte nuestra en respuesta a la acción de Dios a favor nuestro.

3. Esfuerzo en nuestro enfoque.

Este pensamiento refuerza nuestra declaración inicial, y que es el tema central de nuestra exposición. Para que podamos ver cosas que ojo no vio y oír cosas que oído no oyó es necesario, además de identificar nuestra meta y de enfocarnos en ella, que nos esforcemos en alcanzar nuestra meta.

Pero ese esfuerzo debe dirigirse precisamente en hacer cosas diferentes a las que hemos hecho hasta ahora. ¿Por qué? Porque si queremos ver y oír cosas diferentes, vamos a tener que hacer cosas diferentes. Esa es la recomendación implícita del pasaje. Ese es el consejo práctico de Albert Einstein. Ese fue, precisamente, el consejo práctico de Bernice, la hija de mi amigo pastor.

Para poder ser testigos de esas cosas que ojo no vio ni oído oyó vamos a tener que mirar lo que realmente debemos mirar, oír lo que realmente debemos oír, crecer en lo que realmente debemos crecer y esforzarnos en lo que realmente debemos esforzarnos.

En Éxodo 34:10, Dios le promete al pueblo de Israel hacer "maravillas que no han sido hechas en toda la tierra". Específicamente en Éxodo 34:10 Dios añade que "será cosa tremenda la que yo haré contigo". Sin embargo, inmediatamente Dios le advierte al pueblo que se guarde "de no hacer alianza con los moradores de la tierra..., para que no sean tropezadero en medio de ti". (v.12.) (RVR60).

Nuestro enfoque debe estar claro y definido. Nada ni nadie debe distraernos en nuestro enfoque y en nuestro esfuerzo por alcanzar la meta. Entonces, podremos ver y oír cosas que ojo no vio ni oído oyó. ¡Ya están hechas, y son para nosotros, los que le amamos!

Es momento, pues, de ver y oír cosas diferentes. Pero para ver y oír cosas diferentes, vamos a tener que hacer cosas diferentes.

Me gustaría pensar que ya hemos comenzado a ver y oír esas cosas. ¿Qué me dice? Si Dios quiere que las veamos y las oigamos, es porque realmente es posible verlas y oírlas, ¿no le parece?

¡Sea optimista y anímese! Las verá y las oirá. Se lo garantizo...

LA ADMINISTRACION DE LAS EMOCIONES

Lectura: 1 Samuel 1:1-18, 2 Corintios 5:17

Quisiera comenzar contándoles la historia de Pepe. *(Autor Desconocido)*.

Pepe era el tipo de persona que siempre tenía algo positivo que decir. Era un líder entre sus compañeros de trabajo. Todos lo admiraban por su actitud siempre alegre y amable. Cada vez que alguien le preguntaba cómo se sentía, él contestaba: "Si pudiera estar mejor, tendría un gemelo". Si alguien tenía un mal día en su trabajo, Pepe lo aconsejaba a que siempre mirara el lado positivo de la situación.

Un día, un compañero de trabajo se le acerca y le pregunta: "¿Cómo es posible que una persona esté positiva todo el tiempo?".

Pepe le contestó: "Cada mañana me despierto y me digo a mí mismo: Pepe, tienes 2 opciones, estar de buen humor o estar de mal humor. Escojo estar de buen humor. Cada vez que sucede algo, pienso que tengo 2 opciones: Ser y sentirme víctima de la situación, o aprender de lo que sucedió. Escojo aprender. Cada vez que alguien me trae una queja, tengo 2 opciones: Aceptar su queja, o señalar el lado positivo de las cosas. Escojo señalar lo positivo".

"Pero eso no es fácil". – le indicó su compañero.

"Las situaciones pueden ser difíciles," - dijo Pepe, "pero siempre es más fácil poder elegir. Si eliminas todo lo demás, cada situación se reduce a una oportunidad para poder elegir. Tú eliges cómo reaccionar a cada situación, cómo la gente afectará tu estado de ánimo, y tú eres quién escoge estar de buen humor o de mal humor".

Pepe y su amigo perdieron contacto por un tiempo, pues su amigo se mudó a otra parte de la ciudad. Pasados unos meses, este amigo se entera de una situación que le ocurrió a Pepe.

Por un descuido, en una mañana Pepe dejó la puerta trasera del negocio abierta, por lo que 3 individuos armados lograron acceso al lugar y lo asaltaron. Mientras trataba de abrir la caja fuerte, Pepe se puso nervioso y no pudo abrirla. Los asaltantes se atemorizaron, y por el mismo temor le dispararon a Pepe, dejándolo herido y moribundo en el suelo.

Pepe fue encontrado a tiempo, fue trasladado al hospital y fue atendido de emergencia. Luego de 8 horas de cirugía, y de varias semanas de terapia y convalecencia, Pepe fue dado de alta, aún con fragmentos de bala en su cuerpo.

Un par de meses después, Pepe y su amigo se reencontraron. Al primer saludo de su amigo, Pepe le contestó como de costumbre: "Si pudiera estar mejor, tendría un gemelo".

"¿Qué pasó por tu mente en ese momento?" - le preguntó su amigo.

"Lo primero que pasó por mi mente fue que debí cerrar la puerta". – le contestó Pepe. "Mientras estaba en el suelo, pensé que tenía 2 opciones: Vivir o morir. Escogí vivir".

"¿Te dio miedo?" - le preguntó esta vez su amigo a Pepe.

"Los médicos se portaron conmigo de maravilla. Siempre estuvieron animándome y diciéndome que estaría bien. Sin embargo, noté sus expresiones de preocupación cuando me llevaron a la sala de operaciones. En sus rostros podía leer lo que había en sus mentes: "Es hombre muerto". En ese momento, pensé que tenía 2 opciones: Aceptar su actitud derrotista, o animarlos a ver el lado positivo de la situación".

"Al preguntarme si era alérgico a algo, les dije muy seriamente: "A las balas, doctor". "Pude notar que mi respuesta les pareció graciosa, por lo que decidí entonces decirles en un tono más serio: "Estoy escogiendo vivir. Opérenme como si estuviera vivo, no como si me fuera a morir".

Pepe vivió gracias a la habilidad de los médicos, pero en gran medida, Pepe vivió gracias a su actitud positiva.

Usted estará de acuerdo conmigo en que es prácticamente imposible no experimentar una emoción particular ante cualquier circunstancia de la vida. Y cuando hablo de circunstancias de la vida, me refiero a CUALQUIER circunstancia.

- Si la circunstancia es agradable, sentiremos una emoción de alegría o satisfacción.
- Si la circunstancia es negativa, dolorosa o triste, esa será también la emoción que sentiremos.
- Si la circunstancia es neutral, entonces podemos sentir paz porque no está sucediendo nada malo, o preocupación porque no está pasando nada bueno, o indiferencia porque no está pasando nada.

La cuestión es que algo estamos sintiendo en todo tiempo. Siempre hay una emoción inquietándonos. Siempre hay algo que nos preocupa, algo que nos agrada, algo que nos desagrada, algo que nos mueve, o algo que nos detiene.

Siendo así, podemos establecer sin temor a equivocarnos, que las emociones son elementos de nuestro carácter, nuestra conducta y nuestro ser interior que no podemos eliminar.

Esto pudiera presentar algún conflicto de interpretación con lo que leemos en 2 Corintios 5:17:

"De modo que si alguno está en Cristo, nueva criatura es; las cosas viejas pasaron; he aquí todas son hechas nuevas". (RV).

En realidad, lo que Pablo establece en este pasaje es que, ahora en Cristo, tenemos un nuevo orden de reglas y comportamiento. El v.16 sugiere que "de ahora en adelante" se produce un cambio en el conocimiento, por lo que ahora nos es dado otro conocimiento, como dice Pablo, "no según la carne". Ahora nos es dada una nueva verdad, por la cual deben regirse nuestras acciones "de ahora en adelante", lo que sugiere un cambio de carácter progresivo y dinámico, no precisamente un cambio instantáneo.

Somos nuevas criaturas, pero en desarrollo y evolución por medio de la verdad que ahora conocemos. Es por eso que todo creyente está en constante *teolosis*, o en una permanente experiencia de formación y crecimiento en la vida cristiana.

Las emociones no podemos eliminarlas porque, como ya hemos establecido, siempre están presentes. Los psicólogos, y todos aquellos que se dedican a estudiar el comportamiento humano, hablan del "manejo o control de las emociones", lo que presupone precisamente lo que estamos afirmando: Las emociones no se eliminan. Pero, a su vez, esta afirmación está estableciendo otra verdad psicológica.

Si hablamos de manejar o controlar las emociones, podemos decir que las emociones no sólo no se eliminan, sino que realmente se administran.

Es aquí donde el texto de 2 Corintios 5:17 cobra importancia. Ahora nuestras emociones no deben ser administradas según la carne, sino bajo la nueva verdad, bajo el nuevo conocimiento. Es por eso que Pablo puede afirmar que somos nuevas criaturas.

Ahora nuestras emociones no se manifiestan, o no deben manifestarse, como antes. Ahora tenemos un nuevo código de "manejo de emociones". Es por medio de ese nuevo código de manejo de emociones que comenzaremos a modificar nuestra conducta, o en palabras del Apóstol Pablo, nos vamos convirtiendo en "nuevas criaturas".

Desde luego, usted querrá saber cómo las emociones afectan nuestra personalidad. Consideremos este interesante orden:

1. Las situaciones producen reacciones.
2. Las reacciones producen emociones.
3. Las emociones producen sentimientos.
4. Los sentimientos afectan la conducta.
5. La conducta define nuestra personalidad.

Los problemas siempre llegarán a la vida de todas las personas. Un problema es aquella situación que nos sorprende, que no podemos manejar o que ha salido de nuestro control. Entonces, esto producirá en nosotros una reacción, manifestada en lo que conocemos como "emoción". Manejar correctamente esta emoción es de vital importancia, pues es el manejo, o la administración de estas emociones, lo que nos ubicará en el camino correcto o incorrecto hacia la solución del problema. En ese sentido, una emoción mal administrada no resuelve un problema, y en adición, puede convertirse en otro problema.

Tomemos el caso de Ana. Este es el caso que se nos presenta en 1 Samuel 1:1-18. Ana era una de las dos esposas de Elcana, un varón de la tribu de Efraín. La otra esposa de Elcana se llamaba Penina, mujer que le había dado varios hijos. Ana, por su parte, no tenía hijos.

Ahí tenemos una situación particular en la vida de Ana. Ella no tenía hijos, y eso representaba para ella un problema. Ahora, noten ustedes algo muy interesante. El hecho de que Ana no podía tener hijos era una situación de la que ella no tenía control. Estaba casada y tenía un esposo que la amaba, sin embargo, como sugiere el v.5, Jehová no le había concedido tener hijos.

Por tanto, si Ana no tenía hijos no era porque no estuviera haciendo lo necesario por tenerlos. Era que, simplemente, esa era una situación que estaba fuera de su control.

Todo esto provocaba en Ana una reacción, que a su vez se traducía en una emoción. Lo particular del caso de Ana era que esa emoción le estaba causando otros problemas.

He aquí el cuadro de problemas de Ana:

1. No tenía hijos.
2. Se sentía triste por el problema de no tener hijos.
3. No comía.
4. Lloraba.
5. Comenzó a tener problemas en su relación matrimonial.

¿Cuál era el <u>verdadero problema</u> de Ana? No podía tener hijos. Todos los demás problemas surgieron a consecuencia de un mal manejo de emociones. Entonces, Ana tenía realmente dos problemas: No tenía hijos, y tenía una actitud equivocada ante el problema de no tener hijos.

¿Qué necesitaba Ana en este preciso momento? Por extraño que parezca, Ana no necesitaba resolver el problema de no tener hijos teniendo un hijo. Recuerde que la situación de no tener hijos no estaba bajo su control.

Me aventuro a pensar que un hijo en la vida de Ana en ese momento, sin haber resuelto primero su problema de actitud, tal vez hubiera causado otros problemas en su vida y en la de su familia. Tal vez hubiera provocado una "competencia" con Penina, y una relación de tirantez con Elcana, lo que hubiera dañado definitivamente el ambiente familiar.

Lo que Ana necesitaba en ese momento era cambiar su actitud ante el problema. Ana necesitaba convertirse en otra criatura, con otra forma de ver la vida, con otro método de manejo de emociones. Pero para lograr esto:

- Era necesario que se acercara a Aquel que nos hace nuevas criaturas.
- Era necesario que se acercara a Aquel que nos da un nuevo orden en el manejo de emociones.
- Era necesario que se acercara a Dios.

Eso fue exactamente lo que hizo Ana. Ella oró y se derramó delante de Jehová. Dice el pasaje de 1 Samuel 1 que Ana hizo voto delante de Dios. Hacer voto ante Dios es indicativo de que estamos dispuestos a aceptar en nuestra vida ese nuevo orden, ese nuevo código de manejo de emociones. Hacer voto con Dios es declarar nuestro sometimiento a las nuevas órdenes del Padre. Ana administró su actitud y su tristeza con Dios.

Ella comprendió que la situación de no tener hijos era un asunto que estaba fuera de su control. Por tanto, acudió a Aquel que sí podía resolver la situación. Tan pronto dejó el problema delante de Dios, asumió otra actitud. El sacerdote Elí la tuvo por ebria, sin embargo, cuando Ana declaró sus votos, Elí declaró una palabra de fe en esta mujer. Una palabra de fe que fue suficiente para que ella se fuera a su casa y comenzara a mostrar otra actitud. Dice el v.18 que una vez Ana se fue por su camino, comió y no estuvo más triste.

Contésteme una pregunta. Hasta este punto de la historia, ¿se había resuelto el problema de Ana? ¡NO! Su problema todavía no estaba resuelto. ¡Ana todavía seguía sin tener hijos! Sin embargo, Ana cambió su reacción y su emoción ante el problema, aun cuando su problema no estaba resuelto. Tan pronto cambió su reacción y su emoción ante el problema, el problema comenzó a solucionarse. Ana dejó de estar triste.

Esto significa que Ana convirtió su tristeza en gozo. Esto fue posible porque Ana buscó en Jehová el gozo del Señor.

El Salmo 16:11 nos dice que "en la presencia de Dios hay plenitud de gozo". Por tanto, al entrar en la presencia de Jehová, Ana encontró el gozo que necesitaba para comenzar a cambiar su actitud.

A esto, añadamos también que Nehemías 8:10 nos dice que "el gozo del Señor es nuestra fortaleza". Siendo así, la presencia de Dios se convirtió en la vida de Ana en el gozo y la fortaleza que ella necesitaba. Ana encontró en la presencia de Jehová el gozo que necesitaba para cambiar su actitud, pero además encontró en el gozo del Señor las fuerzas para lograrlo.

Si el gozo es fortaleza, la tristeza es debilidad. Por eso fue que mencionamos anteriormente que Ana no necesitaba resolver su problema en ese momento. Ana simplemente no podía resolverlo porque no tenía las fuerzas para hacerlo. Ella estaba triste. Estaba débil. Ahora Ana tenía fuerzas. Sin embargo, esas fuerzas no las utilizó para resolver el problema. Las utilizó para resolver su actitud. Las utilizó para resolver los "otros problemas" que habían surgido por su mal manejo de emociones.

¿Por qué no aprovechó esas fuerzas para resolver el problema? Porque ya ella no tenía el problema. Se lo había dejado en las manos a Dios. Ella aceptó que la situación estaba fuera de su control, pero que estaba bajo el control de Dios.

Por tanto, no había nada más que hacer de su parte. Ahora le tocaba a Dios. Ana resolvió sus emociones con Dios. Luego Dios resolvió el problema.

La tristeza no resuelve problemas. Añade problemas y debilidad. El gozo resuelve reacciones y emociones, y añade fortaleza.

Ése es, entonces, el orden ante un problema:

- Buscamos la fortaleza necesaria con el gozo del Señor y con el Señor del gozo.
- Manejamos nuestras reacciones y emociones con Dios, la fortaleza que da Su gozo y su nuevo orden.
- Escogemos el lado positivo de las cosas.
- Esperamos la ayuda de Dios para la solución del problema.

¿Qué sucedió después en la vida de Ana.

- Comió. (Ya esto era una muy buena señal).
- Se acostó con su marido.
- Quedó embarazada.

Estoy seguro que Elcana notó ese cambio de actitud en Ana. El cambio era favorable. No cualquiera se allega a su mujer si ésta no está con la mejor actitud. Todos los problemas, el original y los añadidos, fueron resolviéndose. ¡Hasta el problema de sexualidad que se presupone en la historia por la actitud anterior de Ana! Ana ahora estaba contenta. Había comido. Estaba simpática. Seguramente lucía más atractiva. Supongo, entonces, que Elcana estaría mucho más motivado a acercarse a Ana, ¿no le parece?

Desde luego, Elcana era una esposo comprensivo y amoroso con Ana. Ciertamente este cambio de actitud de Ana reafirmó su relación con su esposo, y este extraordinario hombre finalmente disfrutó de una relación matrimonial exquisita con una mujer a la que amaba profundamente.

La realidad es que en nuestra vida no estamos exentos de tener problemas. Lo que hace la diferencia es la actitud con la que asumimos estos problemas.

Pero esa actitud debe ser parte de una entrega total a Dios, quien nos instruye a hacer las cosas de acuerdo a Su voluntad. De otro modo, lejos de Dios, este cambio de actitud es imposible.

Pepe y Ana son dos maravillosos ejemplos de actitud positiva. Desde hoy, considérese como uno de ellos...

EL CRISTIANO Y LA DEPRESION

Lectura: Salmo 91

En una ocasión salió publicado un estudio sobre la depresión en Puerto Rico. (Periódico *Primera Hora* – 6 de agosto de 2009. Págs. 2-3). En este estudio se presentaron los siguientes hallazgos:

- Más de medio millón de puertorriqueños están experimentando depresión.
- La proporción a nivel de la población es casi de 1 persona por cada 5. (18%).
- Dos de cada tres personas que experimentan depresión son mujeres.
- Gran parte de los afectados son personas en edad de jubilación. (55-64 años).

De hecho, de acuerdo a la Organización Mundial de la Salud, la depresión es la segunda causa de incapacidad en todos los países del mundo. Estas son palabras mayores, si consideramos una realidad importante: Nosotros, el pueblo cristiano, estamos viviendo dentro de un mundo en depresión. Ahora bien, yo quisiera que usted considerara conmigo lo siguiente:

- ¿Cuántos otros casos no están reportados? (Recuerde que este estudio se realiza por estadísticas médicas de casos atendidos).
- ¿Cuántos de estos casos de depresión, reportados y no reportados, son personas que dicen ser cristianos?

- ¿Cuántos de todos estos casos específicos son cristianos que están en depresión por algún "asunto de fe" o por "ataques del enemigo"?

Permítame establecer un punto. Nosotros como cristianos no demostramos tener una capacidad o salud espiritual elevada negando o menospreciando la realidad científica. Recuerde que toda ciencia también procede de Dios. Además, muchos de los milagros que Dios produce en nuestros días tienen a la ciencia como instrumento.

No negamos, por otra parte, la realidad del mundo espiritual y la verdad bíblica de la existencia de un enemigo "en las regiones celestes". (Efesios 6:12). No obstante, es necesario establecer que no podemos "espiritualizarlo todo". La realidad de la ciencia y del conocimiento también son verdades tangibles que son innegables. Jesús, en su carácter humano, también fue ejemplo para nosotros en ese aspecto. Jesús crecía en sabiduría. (Lucas 2:52).

Lo que pretendo establecer como una verdad de vida cristiana práctica es que no podemos adjudicarle todo lo que sucede, bueno o malo, a cuestiones espirituales. Hacer esto es buscar un culpable por lo que nos sucede. Es evadir nuestra responsabilidad por las acciones que tomamos y sus consecuencias.

El diablo siempre procurará seducirnos al pecado. Sabemos, y no negamos, que tenemos un enemigo, pero la decisión de aceptar o rechazar el pecado siempre será nuestra.

Por tanto, estadísticas como las que presenta este estudio deben llamar la atención del pueblo cristiano, sobretodo porque la iglesia, además de ser portadora de la Gran Comisión, tiene una responsabilidad social con el prójimo. Un estudio como este debe llamar la atención del pueblo cristiano a reflexionar acerca de lo que estamos haciendo para atender esta necesidad de nuestro país. Negar esta realidad no nos ayudará a ayudar. (Valga la redundancia).

Desde luego, como cristianos responsables, debemos buscar referencia bíblica ante esta realidad científica. Dicho en otras palabras, ¿qué nos dice la Biblia al respecto?

- ¿Será que el cristiano no puede deprimirse?
- ¿Es la depresión resultado del pecado?
- Si me deprimo, ¿es que estoy en pecado o que no tengo fe?

Como dije, lo primero que debemos hacer como cristianos responsables es buscar lo que nos sugiere la Palabra de Dios.

Observe con cuidado lo que nos dice el Salmo 91:3: "*Él te librará del lazo del cazador, de la peste destructora*". (RVR60).

Analicemos este texto de manera lógica. Si Dios ha de librarnos del lazo del cazador y de la peste destructora es porque este texto considera dos posibilidades dentro de la realidad humana:

- Dios puede librarnos de caer en el lazo del cazador y de la peste destructora.
- O Dios puede librarnos del lazo del cazador y de la peste destructora *si hemos caído.*

¿Qué significa esto en términos prácticos? Que, aun cuando Dios puede evitar que caigamos en el lazo del cazador, la peste destructora, la enfermedad y hasta la depresión, habrá ocasiones en que seremos víctimas de estas circunstancias. En ese sentido, no podemos entender la promesa real de este pasaje únicamente como que las circunstancias de la vida no nos afectarán, sino que, aun cuando estas situaciones nos afecten, Él nos librará de todas ellas.

Dios no siempre cambiará nuestra circunstancia, pero siempre puede cambiar nuestra actitud ante cualquier circunstancia.

Algo parecido nos presenta los vs. 5-6:

"No temerás el terror nocturno, ni saeta que vuele de día ni pestilencia que ande en oscuridad, ni mortandad que en medio del día destruya". (RVR60).

Note bien que el pasaje no dice que estas situaciones no serán reales. Estas situaciones serán tan reales como la vida misma. El terror nocturno no es, precisamente, que le tengamos miedo al "cuco", porque todos sabemos que el "cuco" no existe. Sin embargo, las situaciones de la vida y sus efectos sí son reales, y así parece demostrarlo este estudio sobre la depresión.

Las personas que han experimentado fuertes episodios de stress, ya sea por cuestiones de trabajo, problemas familiares o de salud, generalmente sobrecargan su sistema nervioso con una presión inusual. El sistema nervioso, luego de que pase la situación traumática, buscará descargar esa presión, provocando reacciones nerviosas de todo tipo, incluyendo temblores en el cuerpo cuando se está en reposo. Esta es una realidad que yo conozco de bastante cerca, debido a mi trabajo como terapeuta.

Como si esto fuera poco, el v.15 nos presenta en una de sus frases lo siguiente:

"... con él estaré yo en la angustia...". (RVR60).

La verdad bíblica no establece que no tendremos angustia porque Dios está con nosotros. Lo que este texto establece es que, a pesar de que estemos en angustia, (o depresión, según sea el caso), Dios promete estar con nosotros.

Y, como Él cumple Sus promesas, por eso puede dejarnos esta promesa por escrito: **Dios está con nosotros en la angustia.**

Ahora bien, hemos visto que la Escritura considera la realidad de las situaciones que plantea la ciencia médica, como en el caso de este estudio sobre la depresión. Desde luego, la misma ciencia médica propone algunas soluciones a este asunto.

La psicología y la psiquiatría son 2 ramas de la ciencia que pretenden estudiar y explicar los fenómenos de la conducta de los seres humanos. Desde esa perspectiva, podemos hacer un breve análisis. Comencemos por preguntarnos, ¿cuáles son las causas de la depresión?

Muchos me dirían que la causa de la depresión son los problemas. Si usted piensa que yo concuerdo con esa conclusión, lamento decepcionarlo. La depresión no viene a causa de los problemas. Lo que realmente provoca una crisis, que es lo que lleva a una depresión, es el manejo que le damos a los problemas.

Los problemas son situaciones que usualmente se nos presentan en la vida. Si usted sabe o puede manejar y resolver el problema, usted realmente no tiene una situación de crisis. Usted lo que tiene es un problema que necesita su atención.

En ese sentido, si usted maneja efectivamente esa situación, usted no ha resuelto una crisis. Usted lo que ha resuelto es un problema.

Ahora bien, si por el contrario usted maneja equivocadamente un problema, usted se expone a una situación de crisis. La crisis es el resultado de un problema mal manejado. La depresión, por otra parte, es el resultado o el efecto de una crisis sin resolver en su vida.

La psicología sugiere lo siguiente en términos de cómo debemos entender las diversas situaciones que se nos presentan:

- Si la situación que se nos presenta en la vida tiene solución, realmente lo que tenemos en frente es un problema por resolver.
- Si la situación que se nos presenta en la vida no tiene solución, realmente usted no tiene un problema. Usted está viviendo un cambio.

Desde estos dos puntos de vista de la psicología, podemos concluir que las causas para una depresión son el desconocimiento de las soluciones a nuestros problemas y la resistencia a los cambios en la vida.

¿Tendrá la Biblia algo que decir al respecto? Por supuesto que sí. Jesús mismo advirtió en el Sermón del Monte sobre las situaciones en la vida que no tienen solución.

- ¿Quién podrá, por mucho que se afane, añadir a su estatura un codo? – Mateo 6:27.
- No puedes hacer blanco o negro un solo cabello. – Mateo 5:36.

No obstante, hay situaciones en la vida que sí tienen solución. Y para no complicarle mucho la vida, permítame regresar a lo que considera el Salmo 91. Específicamente el v.14 nos presenta una interesante clave que es de gran utilidad para nuestra vida.

Salmo 91:14 nos dice: "Por cuanto en mí ha puesto su amor, yo también lo libraré...". (RVR60).

¡Este parece ser el otro lado de la moneda! Pero no solo la Biblia lo afirma, sino que la ciencia médica lo confirma. De acuerdo a este estudio, existe un alto por ciento de casos de depresión que son tratados exitosamente. La ciencia médica asegura que la depresión tiene cura. ¡La Biblia también!

La clave que nos da el Salmo 91:14 es que podemos ser librados del lazo del cazador, de la peste destructora, del terror nocturno, de la saeta que vuela de día, de la pestilencia que anda en la oscuridad, de la mortandad que destruye en medio del día, de la angustia y hasta de la depresión si ponemos nuestro amor en Dios.

La clave para vencer toda circunstancia negativa en nuestra vida está en que confiemos en Dios.

Igual fórmula nos presenta el Apóstol Pedro cuando nos dice:

"Humillaos, pues, bajo la poderosa mano de Dios, para que él os exalte cuando fuere tiempo; echando toda vuestra ansiedad sobre él, porque él tiene cuidado de vosotros". (1 Pedro 5:6-7). (RV).

Parece simple, ¿no cree usted? Sin embargo, confiar en Dios no es una actividad que surge de la nada. Confiar en Dios es un ejercicio de fe. Es depositar todo lo que somos, y todas nuestras capacidades y habilidades en las manos de Dios para que Él haga lo que nosotros no podemos hacer.

Podemos, entonces, establecer lo siguiente en relación a nuestras circunstancias en la vida:

- Hay situaciones que podemos solucionar. Las atendemos, las resolvemos y, entonces, seguimos adelante.
- Hay situaciones en las que necesitaremos la ayuda de Dios para resolverlas. Dios nos utiliza como instrumentos suyos, con las habilidades que Él mismo nos ha dado, para que juntos colaboremos en la solución del problema.

- Hay problemas que solamente Dios puede solucionar. Estas soluciones de Dios se llaman milagros. Nosotros no podemos hacer un milagro, pero Dios sí.
- Hay momentos o situaciones en la vida que sencillamente no tendrán solución. Por lo general, estos son cambios necesarios en nuestra vida que tendremos que aceptar si queremos ver el propósito que Dios tiene encerrado en cada una de ellas, y si queremos vivir en paz en medio de un mundo de angustias, problemas y depresión.

La clave es depositar nuestro amor, es decir, rendir lo que quisiéramos en ese momento de dificultad por lo que realmente Dios tiene en mente. Es negarnos a lo que nosotros preferimos y dar lugar al propósito de Dios.

Mi esposa Carmencita ha sido en mi vida un poderoso instrumento de bendición de parte de Dios. Ella me enseñó en una ocasión que la alabanza a Dios no está basada en lo que esperamos o pensamos que acontecerá en el futuro, sino en una aceptación total y gozosa de lo presente como parte de la amorosa y perfecta voluntad de Dios para nosotros.

Nunca puede ser agradable tener que pasar por un momento de prueba, pero no se trata de depositar nuestro amor en nosotros mismos, sino de depositarlo en Dios.

Dios nos librará siempre, porque si confiamos en Él, todo lo que ocurra tendrá el propósito perfecto de bendición que Dios quiere, pero nuestro amor tiene que estar depositado en Él.

Solo depositando nuestro amor en Dios es que seremos librados de caer, y seremos librados si hemos caído...

TENGO QUE HABLAR CONTIGO

Lectura: Job 40:6-7

A mí me parece que una de las expresiones que mejor logra captar nuestra atención hacia otra persona es cuando esta persona nos dice: "Tengo que hablar contigo". Lo particular de nuestra reacción a ese "Tengo que hablar contigo" es que, por lo general, pensamos que "eso" que tienen que hablar con nosotros no es precisamente una buena noticia. Enseguida pensamos que se trata de algo malo.

Si es nuestro jefe, inmediatamente pensamos que se trata de una "cogida de cuello". Un regaño. Pensamos que nos van a llamar la atención, por algo que hemos hecho, o por algo que no hemos hecho. Si es un hijo (o especialmente una hija), sentimos como que "la casa se nos cae encima". Pensamos que lo que viene a continuación es una "bomba":

- Fracasó en la escuela.
- Necesita dinero.
- Necesita el auto.
- Se va a estudiar fuera del país.
- Se embarazó.

¡Y ni hablar de cuando es nuestra pareja quien nos dice "Tengo que hablar contigo"! Pensamos en cosas como:

- Perdí el empleo.
- ¿Recuerdas la ropa aquella en la tienda que costaba un poco cara?
- ¿Tú sacaste la basura anoche?
- Mi madre viene a vivir con nosotros.
- Estuve pensando en...
- ¡Estoy embarazada!

Ahora bien, fíjese en algo muy particular. Noten ustedes que, aun cuando algunas de las situaciones pudieran ser buenas noticias, nuestra actitud ya nos ha predispuesto a lo que escucharemos. Y, por lo general, nos predisponemos a lo peor. Todavía no nos han dicho nada y ya nosotros hemos elaborado todo un drama en nuestra cabeza. Somos expertos diseñadores del peor de los escenarios. Y nuestra reacción, por lo general, es a querer anticiparnos al golpe.

Queremos con nuestra respuesta "prepararnos psicológicamente" para lo que viene:

- ¿Quién se murió?
- ¿Ahora qué hice?
- Ya yo sé por dónde tú vienes.
- ¡No tengo dinero!

Cuando analizamos el comportamiento humano, encontramos que el hombre tiene una gran fascinación por aquello que desconoce. Pero no me refiero a querer saber los asuntos futuros. No se trata de adivinación. Ese sería otro tema.

Me refiero al conocimiento de todo aquello que lo rodea.

- Es la necesidad de estar bien informado.
- Saber lo que sucede a nuestro alrededor.
- Estar preparado para que nada nos tome por sorpresa.

En ese sentido, cuando alguien nos dice "Tengo que hablar contigo" está abriendo ante nosotros una nueva dimensión de conocimiento. Me explico. En ese momento nos vamos a enterar de algo que desconocemos. Nos van a comunicar algo que no sabíamos. Y entendemos que "ese algo" que nos tienen que comunicar provocará de alguna manera cambios en nuestra vida, sobretodo porque cuando alguien nos dice "Tengo que hablar contigo" entendemos que se trata de un asunto serio. En entonces cuando el comportamiento humano nos lleva a un estado de expectación.

- Es la captura total de nuestra atención.
- Es "parar las orejas".
- Es la música de situación de tensión en la escena de la novela.
- Es quedarnos sin aliento.
- Es sentarnos al borde de nuestros asientos.
- Es la tensión "no apta para cardíacos".

Es en ese momento donde ya no queda nada más, sino escuchar aquello que nos tienen que decir. En ese momento se acaba el misterio.

Tal vez por eso es que me encanta la expresión de Dios en este pasaje. En primer lugar, vemos a Dios <u>respondiendo</u>. Destaco este detalle porque ciertamente a muchos de nosotros nos pareciera que a veces Dios no nos está respondiendo. Pensamos que Dios está sordo, o muy ocupado, o nos está ignorando.

Es necesario entonces que recordemos algo muy importante: Dios siempre responde. Lo que sucede muchas veces es que no entendemos la contestación de Dios, o peor aún, no queremos entenderla. Particularmente, por nuestra tendencia a predisponernos a las respuestas. ¿Se dan cuenta?

Pensamos entonces, que si no recibo la contestación a la que me he predispuesto, es porque realmente Dios no ha contestado. Entonces somos nosotros los que queremos "hacernos los locos". A veces queremos que Dios nos conteste a nuestra manera. Pues bien, en ese caso, debo utilizar las palabras que Dios mismo utiliza con Job:

- "Cíñete ahora como varón tus lomos".
- Ajústate bien los pantalones.
- Prepárate, que ahora voy a hablar yo.

Sería muy fácil acomodar la respuesta de Dios a nuestro deseo particular. Sin embargo, la respuesta de Dios no siempre se ajustará a nuestro deseo.

Por lo tanto, la respuesta de Dios no siempre será la que más nos guste. Pero de algo podemos estar seguros: La respuesta de Dios será la que mejor nos convenga.

Seguramente esta realidad no hará que Dios gane un concurso de simpatía con algunos de nosotros, sin embargo, y de todas maneras, Dios no obra de acuerdo a simpatía. Dios obra de acuerdo a Sus propósitos. Y, desde luego, la respuesta de Dios se ajustará a esos propósitos buenos agradables y perfectos, (Romanos 12:2), no necesariamente a nuestra apreciación de simpatía.

Hemos escuchado constantemente decir que Dios responde de 3 maneras: <u>Sí, no y espera</u>. Si a eso le añadimos la verdad indiscutible de que la respuesta de Dios será la que mejor nos convenga, tenemos una fórmula triple de garantía de Dios:

- Si Dios contesta "Sí", eso será lo mejor para nosotros.
- Si Dios contesta "No", eso será lo mejor para nosotros, aunque no lo entendamos en el momento.
- Si Dios contesta "Espera", entonces, **¡espere!**

Este pasaje al que hacemos referencia está contenido entre el capítulo 38 y el capítulo 41.

Si leemos esos 4 capítulos seguramente tendremos la impresión de que prácticamente Dios está reprendiendo a Job. Y, ¿por qué sería necesario que Dios reprendiera a Job? Yo creo que por la misma razón que a veces nosotros nos merecemos ser reprendidos por parte de Dios:

- Por desconocimiento. Por desconocer la verdadera naturaleza de Dios.
- Por ignorancia atrevida.
- Porque muchas veces no conocemos el porqué de algunas cosas y somos tan atrevidos que hablamos de estas cosas como si las conociéramos o como si pudiéramos controlarlas.
- A veces queremos intelectualizar, con nuestra mente finita, la infinita mente de Dios. Como si con nuestra experiencia personal pudiéramos torcer o manipular la voluntad y soberanía de Dios.
- porque desconocemos totalmente que la voluntad de Dios es siempre buena, agradable y perfecta, a pesar de cualquier circunstancia.

En ese sentido, me encanta la expresión de Dios en Job 41:11:

"¿Quién me ha dado a mí primero, para que yo restituya? Todo lo que hay debajo del cielo es mío". (RVR60).

Lo que Dios le dice a Job en esa parte final del versículo nos declara una verdad que no podemos ignorar. De hecho, me parece que esa expresión es precisamente lo que Dios nos quiere decir en este momento. Imagínese por un momento que Dios se le presente y le diga: "Tengo que hablar contigo", y que inmediatamente le declare lo que dice ese versículo.

"Todo lo que hay debajo del cielo es mío. ¿Tienes algún problema con eso?".

¿Sabe usted qué sucedería?

- Seguramente cerraríamos nuestros ojos y nos postraríamos en tierra.
- O abriríamos nuestros ojos como platos soperos, para poder ver a Dios.
- Seguramente le diríamos que sí a todo lo que Él nos diga. Se trata de Dios. ¿Cómo cuestionarlo?
- No pondríamos condiciones.
- Dios tendría el 100% de la razón.
- Seguramente le diríamos: "Ni hablar, Señor. Lo que Tú digas".

Sin embargo, desafortunadamente, y aunque usted no lo crea, eso no es lo que ocurre. ¿Sabe usted cuál es la realidad en nuestra relación con Dios? (Me pregunto si estaremos dispuestos a reconocer y admitir que muchas veces esta es nuestra realidad).

- La realidad es que, a pesar de lo que Dios dice, nosotros seguimos haciendo lo que a nosotros nos parece mejor.
- La realidad es que nos predisponemos de antemano al mensaje de Dios, y ya estamos listos para el contraataque.
- La realidad es que ya tenemos preparada toda una lista de argumentos y excusas "por si acaso" no me gusta lo que Dios tenga que decirme.
- La realidad es que queremos hacer mentiroso a Dios cuando Él dice que "todo lo que está debajo del cielo es Mío", y nosotros con nuestras actitudes queremos decirle, "No, Señor, esto es mío".

Por eso es que muchas veces la respuesta de Dios no nos gusta. Porque muchas veces queremos las cosas como nosotros digamos y no como Él lo diga. Y eso, naturalmente, tiene que ver con la actitud que adoptamos cuando Dios o cualquier otra persona nos dice, "Tengo que hablar contigo". Ya automáticamente nos predisponemos a lo desagradable. Cometemos el error de tratar de cruzar el puente sin haber llegado todavía. Pienso, entonces, que el problema está en la actitud.

Yo sé que muchas veces nos puede resultar inevitable el predisponernos. Se pudiera decir que es parte de un instinto natural de conservación. Pero sería saludable, y muy necesario, tener un cambio de actitud.

Aun más, yo pienso que eso es precisamente lo que Dios nos quiere decir. Eso es precisamente de lo que Dios quiere hablar con nosotros. Sobre todo, porque cuando Dios nos dice "Tengo que hablar contigo" lo hace desde su carácter natural de procurar el bien para nosotros. La Palabra nos declara en Romanos 12:2 que la voluntad de Dios es siempre buena, agradable y perfecta.

Por tanto, si Dios te dice "Tengo que hablar contigo" y luego te dice "Todo lo que hay debajo del cielo es mío", realmente lo que te quiere decir es:

- Tu problema es mío.
- Tu casa es mía.
- Tu trabajo es mío.
- Tu dinero es mío.
- Tu salud es mía.
- Tu hijo es mío.
- Tu hija es mía.
- Tu esposo es mío.
- Tu esposa es mía.

Todo es de Dios. Pero la duda, la desconfianza, la mala actitud, la predisposición a lo malo, eso es tuyo. ¿Qué harás con eso? Dios te dice:

- ¿Tienes dudas? ¡Yo te puedo contestar!
- ¿No sabes lo que te voy a decir? ¡Escúchame!
- ¿Piensas que lo que te voy a decir no es bueno? ¡Espera!

- Yo sé lo que voy a hacer con lo que tienes. De todas formas, eso que tienes no es tuyo. ¡Es mío!
- Entonces, suéltalo. No te aferres. Déjamelo a mí. **¡Es mío!**

¿Por qué nos predisponemos, entonces, a esperar lo peor? Si Dios quiere hablar con nosotros, conviene entonces hacer lo que hizo el profeta Samuel. Cuando Jehová Dios lo llama, siendo un jovencito, Samuel no se predispone. Samuel no piensa que lo van a coger por el cuello. Samuel no piensa que es una mala noticia. Samuel responde, *"Habla, Jehová, que tu siervo oye"*.

Si Dios te está diciendo "Tengo que hablar contigo", es porque ciertamente Él quiere decirte algo MUY BUENO.

- ¿Lo oirás?
- ¿Cuál será tu actitud?
- ¿Cómo recibirás lo que Dios quiere decirte?

Levántate. Cíñete los lomos como hombre. Hoy Dios te dice "Tengo que hablar contigo...."

VIDA RELATIVA O VIDA RELEVANTE

Lectura: Juan 18:37-38a

Recientemente leí acerca de una encuesta hecha a jóvenes cristianos (específicamente a jóvenes del ministerio Cruzada Estudiantil para Cristo) acerca de cuáles son sus problemas mayores. La encuesta arrojó el sorprendente resultado de que su mayor problema consiste en no saber distinguir entre lo bueno y lo malo.

Si pensamos en las causas de este problema, sería lógico pensar que la raíz de este problema pudiera estar en sus bases familiares. Así que, esta misma encuesta se le realizó a los padres de estos mismos jóvenes, obteniéndose el mismo resultado: Los padres de estos jóvenes tampoco sabían distinguir entre lo bueno y lo malo.

Pareciera que esta confusión fuera un problema que venimos arrastrando desde varias generaciones. Este problema, entonces, no es de ahora.

Hagamos entonces un poco de historia. A partir del final de la 2da. Guerra Mundial, el hombre necesitó, de alguna manera, redefinir su status de vida y su pensamiento, a fin de encontrar paz y estabilidad emocional ante lo que parecía ser el comienzo del fin del mundo.

La gente comenzó a cuestionar los conceptos que establecían entonces qué era bueno y qué era malo. Se desarrolló un concepto que conocemos actualmente como el relativismo.

El relativismo no es otra cosa que el pensamiento generalizado de que las cosas son relativas. Que las cosas son lo que son dependiendo en la forma como las miremos. Que todo depende de la *"dependedura"*, como decimos en Puerto Rico.

Entonces se comenzó a preguntar y a comentar lo siguiente:

- ¿Por qué es bueno?
- ¿Por qué es malo?
- Eso es de acuerdo a tu punto de vista.
- En base a qué eso es bueno
- En base a qué eso es malo.
- Todo es según el color del cristal con que se mire.
- Tampoco faltó aquel arrogante que comenzó a decirle a los demás: "Vive tu vida, no la mía".

La bomba atómica pasó de ser una horrible pesadilla y se convirtió en una temible y espantosa realidad. Por tanto, el hombre concluyó que el mundo podía acabarse en cualquier momento. Un pánico pasivo comenzó a apoderarse de la gente.

Muchos comenzaron a preguntarse:

- ¿Qué vamos a hacer?
- ¿Qué sucederá con las nuevas generaciones?
- ¿Habrá futuras generaciones?
- Hemos cometido errores que han llevado nuestro mundo a este desastre. ¿Qué le enseñaremos ahora, a esas nuevas generaciones, que sea diferente?

Muchos ofrecen las siguientes respuestas.

- Si queremos estar en paz de aquí en adelante, no podemos seguir pensando como hasta ahora.
- Si queremos que el mundo sea diferente, tenemos que pensar diferente.

Déjenme decirles algo. Esto es muy cierto. Hasta ahora, nada de lo que se ha pensado parece dar resultado. Nada de lo que se ha pensado parece detener el desastre social, familiar, político y moral que vivimos. Se hace necesario pensar diferente a lo que se ha pensado hasta ahora. Puedo hacerlo y debo hacerlo. Entonces pregunto, ¿por qué no lo hago? ¿Por qué no puedo pensar diferente?

La respuesta a estas preguntas parece ser un verdadero problema. Y es que el problema parece estar, precisamente, en la respuesta. Pero no a la respuesta de estas preguntas. Más bien se trata de la respuesta a las causas que producen estas preguntas.

Esas preguntas que mencionamos al principio parecen ser producidas por la histeria y el melodrama. Suenan como si fueran parte de una pauta publicitaria. Peor aún, parecen ser parte del libreto de un melodrama histérico y de tercera categoría. Lo interesante y hasta gracioso de todo esto, es que nuestras respuestas parecen ser igualmente histéricas y melodramáticas:

- Comamos y bebamos, que mañana moriremos.
- Esto no lo arregla nadie.
- Vamos de mal en peor.
- El mundo se va a acabar.
- O sencillamente creemos que no hay un "médico chino" capaz de solucionarlo todo.

Pareciera que la gente no sabe qué hacer. Lo interesante de esto, y realmente preocupante, es que realmente la gente no sabe qué hacer. Y no saben qué hacer porque, en un principio, y ante tantas formas de pensar, no saben qué pensar. Están indecisos. Y si no saben, es porque sencillamente no saben. No conocen. No tienen el conocimiento.

Es necesario, entonces, que entremos en un profundo análisis de lo que es el estilo de vida de estos tiempos. Es necesario, entonces, que estudiemos la forma en que pensamos actualmente, porque a todas luces parece que el problema está en la forma que pensamos.

En ese sentido, pensemos por un momento en cómo realmente pensamos. Dijimos que desde hace un tiempo, (específicamente a partir del final de la 2da. Guerra Mundial, según los conocedores de la materia), se comenzó a vivir lo que se conoce como la Era Posmoderna, o sea, una era perfilada o dirigida al pensamiento más adelantado, más allá de lo moderno.

Pero:

- ¿Qué plantea esta nueva forma del pensamiento?
- ¿De qué se compone?
- ¿Cuáles son sus características?

Podemos identificar 4 de ellas.

1. La ambigüedad.

Cuando algo es ambiguo lo que queremos decir es que ese algo puede entenderse de muchas formas. Por tanto, podemos decir que algo ambiguo es algo que, como quiera que lo veamos, tendrá la interpretación que queramos darle, y esa interpretación siempre estará correcta de acuerdo a nuestro punto de vista.

Socialmente tenemos varios ejemplos de ambigüedad:

- Todas las religiones llevan a Dios.
- Todos somos hermanos.

- Puedo hacer lo que quiera, siempre y cuando no le haga daño a nadie.
- Todo es según el color del cristal con que se mire.
- Tú estás bien, y yo también.

Esto nos lleva a una segunda característica de nuestro pensamiento moderno.

2. La verdad es relativa.

Si tú estás bien y yo también estoy bien, eso quiere decir una de varias cosas:

- O todos tenemos la verdad.
- O nadie la tiene.
- O no existe una verdad real.

Esta última parece ser en la que todos finalmente concuerdan. Puesto que tú estás bien, y yo también, entonces es mejor llegar a una conclusión "salomónica": La verdad depende de cómo cada cual la vea. Y como no pueden haber tantas verdades, es mejor decir que realmente todos estamos bien porque realmente la verdad como tal no existe.

La verdad, entonces, es algo que depende de mí, y de cómo yo vea las cosas. Por tanto, yo tengo mi verdad, tú tienes tu verdad, y nadie puede refutarme porque esa es mi verdad y punto.

Ahora bien, ¿a dónde me lleva esto?

Todo esto me lleva al tercer punto. Un tercer punto que sale del marco personal de cada individuo para interactuar con el marco social y relacional más amplio de ese individuo.

3. La idea social.

Con todo esto, ahora yo puedo construir un pensamiento que sea ampliamente aceptado por todos. Un pensamiento en el que finalmente cada persona comienza a escuchar:

- Algo que le gusta.
- Algo que no lo ataca.
- Algo que no lo reta.
- Algo que no lo obliga.

Eso parece ser bueno. Y parece ser bueno para todo y para todos.

- Por fin encontramos algo que evitará los conflictos.
- Encontramos algo que elimina las diferencias.
- Ahora todos tenemos la razón.
- Ahora no será necesario pelear ni entrar en guerras con nosotros mismos.
- Ahora todo está bien.
- Ahora todo es relativo.

Quiere decir que ahora tenemos el fundamento de una sociedad libre de decir y hacer lo que quiera porque:

- Ahora nadie puede juzgarme o cuestionarme por lo que diga o haga.
- Ahora todo lo que diga o haga está bien porque yo hago y digo las cosas desde mi punto de vista.
- Ahora nadie tiene la verdad y todos tienen la verdad porque...
- La verdad no existe, no es absoluta, es variable, es relativa.

Nos queda un cuarto punto. Este cuarto punto surge como consecuencia de los primeros tres puntos. Esto quiere decir que, si mi forma de interpretar las cosas siempre estará correcta desde mi punto de vista, si esto significa que la verdad absoluta no existe, si todo depende de cómo yo vea las cosas y si todo el mundo está de acuerdo con esto, pues entonces....

4. Todo aquel que reclame tener la verdad es un mentiroso y un opresor.

Puesto que mi definición de las cosas siempre será correcta desde mi punto de vista, la verdad es un concepto de valor relativo. La verdad depende de cómo veamos las cosas. La verdad nadie la tiene. La verdad todos la tienen.

Por tanto, aquel que diga que tiene la verdad es un mentiroso y un opresor. Un opresor que lo que realmente pretende es someter a otros a su voluntad.

Bajo el concepto de relativismo, quien alegue tener la verdad no respeta la verdad de todos. Es un antisocial.

Ahora bien, pareciera que esta forma de pensar sería la alternativa ideal para que el mundo finalmente pudiera vivir en paz. Esta forma de pensar suena como:

- La última panacea.
- La última Coca-Cola del desierto.
- La epopeya máxima.
- El acabose estrambótico y onomatopéyico de lo supercalifragilísticoespialidoso. (Perdonen la rimbombancia. Bastaría con que solamente dijera: ¡Ah!, ¡Wow!, o algo parecido).

Sin embargo, y ahora en un tono más serio, ¿cuáles han sido sus resultados? ¿Quiere verlos?

- Un mundo en el peor caos de su historia.
- Un mundo donde no hay reglas.
- Un mundo donde nadie respeta a nadie.
- Un mundo por la libre.
- Un mundo loco y descontrolado.
- Un mundo donde los valores se han perdido.

¿Qué pasó? ¿Por qué no funciona esta clase de pensamiento? Me parece que la clave la encontramos en esta última frase.

En Puerto Rico se ha estado desarrollando una campaña de publicidad que hace el siguiente llamado: "¿Qué nos pasa, Puerto Rico?". Esta promoción acuña una frase que dice: Recuperar nuestros valores es tarea de todos.

Note algo muy interesante. Campañas sociales como esta nos hacen pensar que, sin darnos cuenta, todo parece apuntar precisamente a la solución del asunto. Si es necesario recuperar unos valores, si el mundo en que vivimos es uno donde los valores se han perdido, es porque en algún momento <u>hubo valores</u>. Hubo <u>reglas</u>. Hubo pensamientos reconocidos como verdaderos. Hubo valores únicos y comunes en los que todos estuvimos de acuerdo.

Entonces, ¿dónde queda eso del pensamiento relativo? Yo puedo pensar como yo quiera pero, ¿será eso conveniente? ¿Ha dado resultado?

Por otra parte, escuchamos constantemente la necesidad en nuestra sociedad actual de tener modelos a seguir, ejemplos que podamos copiar, y líderes decididos y comprometidos con ideas comunes al bienestar de todos. Entonces:

- ¿Dónde dejamos aquello de pensar diferente?
- ¿Qué vamos a hacer?
- ¿Pensamos por nosotros mismos o dejamos que otros piensen por nosotros?

Pareciera que el relativismo realmente lo que ha hecho es más confundir que aclarar. Siendo entonces, que el pensamiento relativo no parece solucionar los problemas de nuestra sociedad, volvemos y preguntamos:

- ¿Qué sucederá con las nuevas generaciones?
- ¿Habrá futuras generaciones?
- Hemos cometido errores que han llevado nuestro mundo a este desastre. ¿Qué le enseñaremos ahora, a esas nuevas generaciones?

Viene a mi mente una pregunta extraordinaria, hecha por un hombre ordinario. Nos relata la Biblia en Juan 6:68 que, ante la decisión de muchos seguidores de Jesús de apartarse, pues entendieron que las palabras de Jesús eran muy duras, Jesús le preguntó a los doce: *"¿Queréis acaso iros vosotros también?".* Entonces Pedro le contestó:

"Señor, ¿a quién iremos? Tú tienes palabras de vida eterna". (RVR60).

Esa pregunta parece tener una relevancia tremenda para nuestros días:

- ¿Quién será nuestro modelo?
- ¿Quién tiene la verdad?
- ¿A quién iremos?

En una ocasión el Dr. Billy Graham comentó que era necesario que la iglesia predique más sobre los 10 Mandamientos y El Sermón del Monte. Esto nos quiere decir que, aunque el relativismo nos quiera hacer creer que nadie tiene la verdad:

- Podemos encontrar enseñanzas éticas y morales que nos ayudan a vivir en armonía, tanto con Dios como con los seres humanos.
- Existen principios básicos y fundamentales para la reverencia a Dios y el respeto por los demás.
- Que si hoy en día los valores parecen perdidos, es porque alguna vez no estuvieron perdidos.
- Es porque alguien alguna vez los instituyó.
- Alguien los ordenó.
- Hay uno que SI tiene la verdad.

En base a esto, ¿cómo podemos verificar si alguien realmente tiene la verdad? Yo creo que una forma sencilla y lógica de verificar esto es observando si lo que esa persona ha dicho se cumple, si la información se confirma como cierta y si lo que ha dicho que iba a ocurrir, ocurrió. Con esto presente, volvamos al pasaje.

Noten bien lo que Jesús le indica a Pilatos en Juan 18:37. Hay un punto que parece tan sencillo que, por lo sencillo que es, muchas veces lo pasamos por alto. Jesús parece decir: "¿Ves todo esto? No te sorprendas. Ya yo lo había dicho. Lo vengo diciendo desde Génesis 3:15".

Cuando una palabra se cumple podemos decir sin lugar a dudas que esa palabra era verdadera. Esa palabra es la verdad. Jesús le dio a entender a Pilato que Él mismo era el cumplimiento de una palabra de verdad declarada hace miles de años atrás.

Esto no es solamente una cuestión abstracta. No es algo que dependa solamente de la fe. La misma historia confirma la existencia de ese Jesús que ciertamente nació en Belén. Los historiadores y científicos están de acuerdo en que Jesús también murió crucificado. Pero lo realmente contundente en la verdad declarada de las Escrituras es que todavía al día de hoy, los restos de Jesús no han sido encontrados.

Por tanto, para que una verdad no sea únicamente relativa, y se convierta en algo relevante y significativo para la vida de todos los hombres, esa verdad no puede quedarse únicamente en que pueda ser confirmada o verificada.

La verdad pasa de ser una cuestión relativa a una realidad relevante cuando a quien declara esa verdad yo también pueda creerle. Esto no sólo me resuelve el dilema de que ciertamente existe una verdad real, (porque es una palabra confirmada), sino que me da la posibilidad real de identificar en Ese que ha dicho la verdad a un modelo a seguir. Tenemos en Él ese ejemplo que necesitamos copiar.

Por eso Jesús no solamente vino a dar testimonio de la verdad. Su misión no era sencillamente confirmar esa verdad declarada. Puesto que en Él se cumple esta verdad, entonces Jesús no es meramente un cumplimiento de la verdad. ¡JESUS ES LA VERDAD!

Por eso, cuando Pilatos le pregunta a Jesús, "¿qué es la verdad?", no escuchamos una contestación verbal de Jesús. El verbo ya no era necesario. ¡Ya El Verbo se había hecho carne!! ¡Ya respuesta estaba de frente! ¡Tangible y palpable! ¡Sin lugar a dudas!

En este mundo donde lo relativo no permite que nadie se decida, hay uno que decididamente dijo: "Yo soy la verdad".

-   La verdad no es indecisa.
-   La verdad es cierta y punto.
-   La verdad es verdad.

Y esa verdad que encontramos en Jesús es capaz de cambiar nuestra vida indecisa y relativa a una vida decidida y relevante. Una vida capaz de transformar otras vidas.

Preguntémonos entonces:

-   ¿Quiero una vida indecisa o una vida decidida?
-   ¿Quiero una vida relativa o una vida relevante?

La respuesta sigue siendo la misma. la respuesta sigue siendo una. La respuesta sigue siendo Jesús.

Esa es la verdad, toda la verdad, y nada más que la verdad...

Y CERRADA LA PUERTA...

Lectura: Mateo 6:6

Estoy convencido de que Jesús es el mejor psicólogo del mundo. La razón de ser para esta verdad es simple. Dios es el creador del hombre, por tanto, nadie conoce la conducta humana mejor que Dios.

Desde esa perspectiva, me gustaría analizar este pasaje de la Escritura. Pienso que Dios tiene varias razones para pedirnos que cerremos la puerta. La primera pregunta que debe surgir en nuestra mente debe ser: ¿Qué significa cerrar la puerta?

Cerrar la puerta significa entrar en un momento de soledad. Nosotros, los seres humanos, tenemos varios conceptos sobre lo que representa la soledad.

- Para algunos es el castigo por el trato que han dado a sus semejantes.
- Para otros es la miseria que no se elimina ni con todas las riquezas del mundo.
- Otros entienden que la soledad es sinónimo de abandono y olvido.
- Pero, para otros representa el deseado paréntesis de silencio en un mundo de ruido.

En el pasaje que hemos considerado, encontramos a Jesús justo en medio de su sermón más popular y comentado: El Sermón del Monte. Ahora bien, en este momento específico del sermón, Jesús está haciendo un énfasis especial en la oración. Es, precisamente en este pasaje, donde encontramos registrada la famosa Oración del Padre Nuestro.

Quiero que notemos algo particular en este pasaje. Hemos indicado que cerrar la puerta significa entrar en un momento de soledad. Pero este momento de soledad está enmarcado dentro de la experiencia de la oración, lo que sugiere que, para Jesús, la oración es un momento especial, y requiere de un espacio único. Separado. Solo.

Hace poco leía en un escrito de un autor desconocido lo siguiente:

"La oración es la manera que tenemos de comunicarnos con Dios. La meditación es la forma que tenemos de escuchar su respuesta".

La meditación es esta acción de introspección y auto-análisis, producto de la reflexión profunda. Sin embargo, la meditación profunda sólo es posible si estamos totalmente solos. Esta es una verdad que Jesús conoce. Recuerde que Jesús es experto en conducta humana. Esta es, precisamente, la razón principal por la cual Jesús se retiraba al monte para orar.

Por tanto, para Jesús, la soledad y la oración eran dos elementos íntimamente ligados.

No es que la oración en público no tenga su lugar, o que la oración en público no sea efectiva. No obstante, la oración en público debe atender asuntos públicos. La oración privada, en la soledad, atiende asuntos personales e íntimos. Naturalmente, hay asuntos públicos por los que podemos orar en privado, pero hay que tener mucho cuidado y prudencia cuando queremos orar a Dios por asuntos privados en público. Éste, por supuesto, es otro tema.

Ahora bien, luego de contestar lo que significa cerrar la puerta, podemos formular otra pregunta en este mismo sentido. ¿Por qué Jesús especifica que cerremos la puerta?

Entiendo, por lo que hemos aprendido a lo largo de nuestra experiencia de vida cristiana (teolosis), que Jesús tenía varios propósitos al hacer esta solicitud. Dios es un Dios de propósitos, por tanto, todo lo que Jesús hacía, y todo lo que Jesús decía tenía un propósito. Y, como en todos los casos, Jesús siempre tenía el propósito de enseñarnos algo. ¡Por algo es El Maestro de Galilea!

Entonces, ¿qué quería enseñarnos Jesús en esta ocasión?

Jesús quería enseñarnos que hay varias razones por las cuales son necesarios esos momentos en los que quedamos solos con Dios. Veamos algunos de ellos.

1. El momento de la verdad.

Decía el poeta español Miguel de Unamuno:

"Sólo en la soledad no tenemos secretos para Dios. En ella brota de nuestra alma el himno redentor de la confesión suprema. No hay diálogo más verdadero que el que entablas contigo mismo. Si no sabemos querernos, ni querer a los demás, es porque no sabemos estar solos". (Paráfrasis del poema "La Soledad" – Miguel de Unamuno).

Cuando estamos en ese momento de la soledad con Dios no hay necesidad de tener máscaras puestas. Ese momento de soledad nos permite ser tal y cual somos delante de Dios. En ese momento no tenemos presiones ni influencias externas. Podemos decirle a Dios exactamente lo que queremos. Afuera quedan las vanas palabrerías, la hipocresía y el engaño.

Esto, a su vez, da espacio a otro momento especial cuando cerramos la puerta. Cuando quedamos solos con Dios.

2. El momento de la separación.

En este momento es cuando realmente vamos a cerrar la puerta. El momento de la verdad implica la comprensión y la necesidad en nuestro espíritu de estar a solas con Dios. Ahora, en este momento de la separación, es cuando efectivamente quedamos solos con Dios. Ahora bien, el momento de la separación implica, a su vez, otras dos separaciones.

En primer lugar, se produce nuestra separación del ambiente que nos rodea, y la entrada a un ambiente exclusivo.

- Este es el momento en el que nos desconectamos del mundo.
- Estamos fuera.
- Hemos escapado a un rincón escondido de todo y de todos.
- Usted no está. Usted se ha ido.

En este momento, también se produce otra separación. No entramos a la soledad con Dios de cualquier manera. Es necesario entrar al lugar secreto de una manera especial. Por tanto, cuando cerramos la puerta no sólo nos separamos físicamente, sino que también separamos las cosas que entrarán y las cosas que no entrarán con nosotros a la soledad con Dios.

Esta es la otra separación.

- Entramos dejando afuera las actitudes incorrectas.
- Entramos dentro con las actitudes correctas.

Este momento múltiple de separación es también un momento de sometimiento a la voluntad de Dios. En ese momento no sucederá lo que yo quiera, sino lo que Dios quiera. En ese momento sometemos nuestra voluntad a la voluntad de Dios. Debemos entrar a la soledad con Dios con esa actitud.

3. El momento del propósito.

Jesús comprendía muy bien el valor de la soledad con Dios. Como ya hemos destacado, Jesús gozaba de orar a solas en el monte. En adición, Jesús sabía que el momento especial de la soledad también encerraba un propósito. Un propósito que no era solamente el propósito de separarse para entrar en una interacción sincera con Su Padre, sino que este momento tenía la particularidad de dar el espacio necesario para que el propósito de Dios se manifestara en su vida.

Encontramos en Juan 16 a Jesús en el momento que se despide de sus discípulos. A partir de ese momento, Jesús quedaría solo. Pero, específicamente en Juan 16:32, Jesús les dice a sus discípulos:

"He aquí la hora viene, y ha venido ya, en que seréis esparcidos cada uno por su lado, y me dejaréis solo; mas no estoy solo, porque el Padre está conmigo". (RVR60).

Jesús tenía que quedar solo para que el propósito de su misión en la Tierra se cumpliera. Dios tenía un propósito perfecto.

- Un plan de salvación que era necesario que se ejecutara de forma infalible.
- Sólo Jesús debía cumplir con este propósito. A eso vino.
- Por tanto, si Jesús era el único que debía morir, pues sólo Él es el Cordero de Dios, era necesario que se quedara solo.

Esa es parte de esa maravillosa voluntad de Dios para nuestra vida. Su propósito se cumplirá en nosotros. Por tanto, al igual que fue necesario que Jesús permaneciera solo con Dios, también es necesario que permanezcamos solos con Dios. ¡No tema! Si usted está en este momento a solas con Dios, usted está en este momento dentro del propósito de Dios.

4. El momento de la transformación.

Recuerdo el caso de Jacob cuando luchó con el ángel. Génesis 32 nos relata el momento en el que Jacob iba camino a encontrarse con su hermano Esaú.

La noche antes de este encuentro, Jacob hizo cruzar a su familia, sus criados y todas sus pertenencias al otro lado del arroyo que estaba en el vado de Jacob.

Especifica muy claramente el v.24 que Jacob quedó solo. Fue en ese momento de soledad que Jacob luchó con un varón hasta que rayaba el alba. Como resultado de esa batalla, Jacob quedó cojo, pero también recibió un nuevo nombre, el cual representó un cambio en su vida.

Quedarnos solos con Dios nos expone a las mismas consecuencias. Quedarnos solos con Dios representa una curva en nuestro camino. Y una curva en el camino es, simple y sencillamente, un cambio de dirección.

- Ahora su vida toma otro giro.
- Después de un momento a solas con Dios algo pasa.
- La vida se transforma.
- La vida ya no es igual.

El momento de la transformación es señal de que el cambio que usted procuraba para su vida ya está ocurriendo. Dios está trabajando con usted. No obstante, este cambio no será algo que usted no comprenda. Quizás en el momento no pueda entenderlo, pero Dios no lo dejará en la ignorancia.

Este momento con Dios produce, a su vez, otro momento extraordinariamente glorioso.

5. El momento de la revelación.

En Marcos 4 encontramos la parábola del sembrador. Esta parábola tiene la distinción especial de ser la única parábola que Jesús explica con lujo de detalles. No obstante, esta explicación surge en un momento único.

Mire lo que nos dice Marcos 4:10-11.

"Cuando estuvo solo, los que estaban cerca de él con los doce le preguntaron sobre la parábola. Y les dijo: A vosotros os es dado saber el misterio del Reino de Dios; mas a los que están fuera, por parábolas todas las cosas". (RV).

De acuerdo al pasaje, Jesús volvió a quedar solo. No obstante, hubo un grupo que decidió quedarse a solas con El con el fin de que Jesús les explicara la parábola. Jesús lo hizo. El resto del capítulo narra la explicación de Jesús a esta conocida parábola.

Ahora, note bien que, para que Jesús pudiera revelarles la interpretación de la parábola, era necesario que este grupo de seguidores estuvieran a solas con Jesús.

Por tanto, es estando a solas con Jesús que nos será revelado el misterio del Reino de Dios.

Solamente estando a solas con Cristo es que comprenderemos el propósito de Dios para nuestra vida. Dios permitirá, dentro de Su soberanía absoluta, el cuándo, el cómo, dónde, el qué y el porqué de esos misterios que desconocemos.

Esto ocurrirá solamente cuando Dios así lo decida. Pero, para que esto ocurra, es necesario estar a solas con Dios. Usted tendrá la revelación, el entendimiento y la contestación a sus preguntas en esa gloriosa intimidad con Dios. Este será un momento único y especial suyo con Dios.

Ahora bien, todavía falta identificar otro momento dentro de esta experiencia de soledad con Dios.

6. El momento de la recompensa.

Ya en este punto, no es necesario ser muy extenso. El momento de la recompensa no es sino la manifestación en público del propósito de Dios para su vida desde la intimidad.

El texto sugiere que lo que surge en público es el resultado propio del momento de soledad con Dios. La recompensa de Dios en público es el cumplimiento del propósito de Dios en su vida, pero para que esto ocurra, es necesario haber dejado trabajar a Dios.

Muchas veces no percibimos la realidad de que Dios está trabajando en nosotros y con nosotros, aun cuando el aparente estancamiento o inacción en las situaciones de la vida nos hagan pensar lo contrario. Sucede que muchas veces Dios hace silencio porque ese momento no es momento de hablar. Es momento de trabajar.

Jesús quería, y Jesús quiere un momento a solas contigo. No lo hace para que perdamos el tiempo, para mortificarnos la vida o para que permanezcamos solos sin un propósito en la vida.

Cuando Dios quiere estar a solas con nosotros es para separarnos en un tiempo especial de cercanía y comunión con El, para transformarnos a Su manera, para revelarnos los misterios del Reino y para recompensarnos en público.

El propósito de Dios es siempre bueno, agradable y perfecto. Sólo tenemos que cerrar la puerta...

EL OJO DE LA CERRADURA

Lectura: Juan 14:8-12

¿Ha tenido la oportunidad de mirar a través del ojo de una cerradura? Es un poco incómodo, ¿cierto? Hay que doblarse, acomodar un solo ojo a través del hueco y mirar solamente lo que se pueda ver en el rango de visión que el agujero permita. Así que, no solamente es incómodo, sino que también es poco efectivo para contemplar todo el panorama de la habitación.

¿Por qué hago esta observación, si pareciera que no tiene nada que ver con el pasaje que hemos considerado? Bueno, le prometo que poco a poco llegaremos a encontrar la relación. Por lo pronto, veamos el pasaje con más detenimiento.

Del contexto del pasaje podemos establecer una escena muy interesante. Era el momento justamente después en el que Jesús y sus discípulos habían compartido juntos su última pascua. Jesús anuncia a sus discípulos que pronto habrá de dejarlos, y que está próximo a ser entregado para morir. Pedro, entonces, se precipita a manifestar su desacuerdo, e incluso le dice que él estaría dispuesto a morir en su lugar.

Como todos recordarán, en ese momento Jesús le predice a Pedro que, antes que el gallo cante, él le negaría tres veces.

Así las cosas, el contexto y el momento que se narra en este instante no son muy alentadores. La situación pinta "castaño oscuro". Pero, Jesús lo sabe. Sabe y entiende que, para tranquilidad de los discípulos, hay que hacer o decir algo. Algo que pueda asegurarles a ellos, de alguna manera, que las cosas no son tan graves como parecen. Por eso, el Apóstol Juan comienza este capítulo 14 registrando unas palabras de consuelo y esperanza por parte de Jesús a sus discípulos.

Jesús les dice a sus discípulos que "no se turbe vuestro corazón". (Juan 14:1). "Tranquilos", parece decirles El Maestro, "confíen en mí, que todo estará bien". Es en este contexto tan particular donde Felipe le dice a Jesús: *"Muéstranos el Padre, y nos basta".* (Juan 14:8).

Yo quiero que usted se detenga conmigo por un momento a interpretar esa petición de Felipe. De inmediato se me ocurre formular una pregunta: ¿Para qué? ¿Para qué Felipe quería que Jesús le mostrara al Padre? El texto nos da una razón.

Una razón que al mismo tiempo es una clave para conocer que existía una actitud detrás de la pregunta. La petición de Felipe termina diciendo que, si Jesús les mostraba al Padre, para ellos sería suficiente. Esto amplía mi inquietud de saber para qué quería Felipe que Jesús le mostrara al Padre.

Me pregunto, ¿sería para qué Jesús pudiera irse tranquilo y en paz después de hacer lo que tenía que hacer? ¿Qué harían los discípulos una vez vieran al Padre?

Con profundo respeto al pensamiento teológico, quisiera aportar un pensamiento psicológico al análisis de esta escena. Estamos en presencia de unas personas que tienen el interés de alcanzar a ver y obtener todo lo posible en una relación para luego escapar del compromiso por la puerta trasera.

¿Cuántos hemos escuchado el término "prueba de amor"? Estoy seguro que conocemos muchos casos donde la jovencita ha entregado su virginidad a un muchacho y luego, casi de inmediato, notamos al hombre en actitud de escapada. Después de haber conseguido lo que querían, olvidan el compromiso de amar a la muchacha. Se alejan, se esconden o hasta desaparecen de la noche a la mañana.

Esta actitud no es nueva, y, desde luego, también tiene una explicación dentro de la dinámica del comportamiento humano. Todos aquellos que permanecen en una carrera, una competencia o una relación lo hacen mayormente por el incentivo de alcanzar una meta, lograr un triunfo o llevar esa relación al nivel de compromiso o excelencia más alto posible.

Ahora bien, ¿qué sucede, por ejemplo, cuando el atleta llega a la meta? ¿Qué sucede cuando se produce el último campanazo de un combate? ¡El atleta deja de correr! ¡El boxeador deja de lanzar golpes! ¡Se detienen! Dejan de esforzarse, pues la finalidad deseada ya se ha alcanzado.

¿No sucede lo mismo a nivel del compromiso en una relación de pareja, o de negocio, o de cualquier otro tipo? ¿Qué sucede cuando ese nivel de excelencia o de productividad se alcanza o ese triunfo se logra? En muchas más ocasiones de las que desearíamos admitir, la intensidad, la actitud, el entusiasmo y el compromiso disminuyen dramáticamente en su manifestación, esto, por no decir que en muchas otras ocasiones desaparece por completo.

Desde luego, Jesús conoce esta dinámica humana. En una ocasión, el mismo Jesús les dice a sus seguidores que Él sabía que la multitud le seguía "por los panes y los peces". Luego de la alimentación de los 5,000, Jesús les dice a sus discípulos que crucen el mar hacia Capernaúm y Él los encontraría al otro lado.

En ese momento, los discípulos enfrentan una tormenta en el mar, Jesús viene caminando hacia ellos por encima de las aguas y..., (bueno, ustedes conocen esa parte de la historia).

Una vez al otro lado, la multitud que Jesús había alimentado también fue a buscarlo al otro lado del mar. Es en ese momento que Jesús les dice lo que se registra en Juan 6:26:

"... De cierto, de cierto os digo que me buscáis, no porque habéis visto las señales, sino porque comisteis del pan, y os saciasteis". (RV).

En el caso de los discípulos, Jesús sabía que si les mostraba al Padre, vería cómo la actitud de los discípulos se reduciría estrepitosamente, y se congelaría a niveles bajo cero. Jesús advierte un peligro enorme tras esa pregunta. Por eso, en el siguiente capítulo, Jesús exhorta a sus discípulos a permanecer en Él, así como los pámpanos deben permanecer en la vid. (Juan 15). Ciertamente a Dios nunca vamos a poder engañarlo.

No obstante, Jesús reconoce la necesidad que ellos tenían de ver al Padre. Una necesidad que, seguramente muchos de nosotros compartimos con los discípulos.

- ¿Cuántos no quisiéramos ver al Padre?
- ¿Cuántos no quisiéramos ver nuestras peticiones contestadas?
- ¿Cuántos no deseamos ver que el Mar Rojo también se abre delante de nosotros para escapar de tantas situaciones difíciles?

- ¿Cuántos no quisiéramos ver ya a todos nuestros familiares sirviendo al Señor? ¿O restaurados totalmente en su salud?
- ¿O nuestra situación financiera y de trabajo totalmente resuelta?

Jesús conoce esta realidad. Por eso, ante la pregunta de Felipe, Jesús les ofrece una mejor alternativa. En el v.6, Jesús se había presentado como la alternativa cierta y real para ver al Padre. Jesús les había dicho que Él es el camino, y la verdad y la vida. En este sentido, conviene destacar un aspecto teológico que, me parece, es mucho más amplio de los que lo hemos visto hasta ahora.

Tradicionalmente hemos interpretado el pasaje de Juan 14:6 desde la perspectiva de la salvación, o desde un punto de vista futuro. No hay duda en todo creyente del evangelio de que Jesús es el Único camino para ver al Padre y tener la vida eterna. Jesús mismo establece que nadie puede ver al Padre si no es por Él. Solo en Cristo se encuentra nuestra garantía de vivir eternamente en los cielos delante de la presencia del Padre.

Pero, ¿será que la alternativa que Jesús presenta en esta ocasión en el pasaje no es válida para nuestra vida presente?

A mí me parece que esa es, precisamente, la otra forma de interpretar el pasaje. Jesús no es solamente el camino, la verdad y la vida para ver al Padre en los cielos. También es el camino, la verdad y la vida para ver al Padre en nuestra vida presente. Aquí en la Tierra. ¿Cómo es esto posible, si Jesús no le mostró el Padre a Felipe? Jesús no les contestó la petición a los discípulos. Permítame preguntarle, ¿esta usted seguro de eso?

Yo pienso que Jesús, no solamente les mostró al Padre, sino que les dio a sus discípulos en esa ocasión, y a nosotros hoy, unas claves importantes que nos van a permitir ver al Padre en nuestra actual experiencia de vida cristiana.

Repasemos el pasaje que hemos considerado y descifremos las claves de este interesante mapa que Jesús nos traza a través del mismo. Le aseguro que usted compartirá conmigo la impresión de que, visto de esta manera, es más fácil de lo que parece.

1. Palabras.

El v.10 nos presenta a las palabras como una de las formas en las que Jesús nos presenta al Padre. Esta clave ya había sido identificada anteriormente por Pedro, cuando en Juan 6:68 le dice: *"¿A quien iremos? Tú tienes palabras de vida eterna".* (RV).

Ahora, en esta oportunidad, Jesús les dice que esas palabras, que ellos aceptaron y afirmaron que eran palabras de vida eterna, provenían del Padre. Es decir, que las palabras y enseñanzas que Jesús nos declara por medio de las Escrituras son palabras que tienen la intención de revelarnos y mostrarnos al Padre.

El Padre se revela a nosotros mediante todas las palabras que aprendemos y escuchamos de Jesús.

2. Obras.

Todos sabemos que Jesús, además de declarar palabras de vida eterna, también hizo muchos milagros, señales y prodigios en el pueblo durante su ministerio. Estas señales y milagros no dejaron duda ante todos los testigos que las presenciaron de que Jesús es el Hijo de Dios.

Los discípulos también fueron testigos de todas estas señales. Sabían que Jesús tenía que hacer estas obras porque un poder sobrenatural habitaba en Él. Ahora, Jesús les está diciendo que esas obras que Él hacía eran hechas porque el Padre que moraba en Él era quien hacía esas obras. (v.10).

¿Acaso no es lo mismo que decir que Jesús estaba mostrando al Padre en cada milagro o señal que hacía?

En este caso, Jesús no solo les mostraba al Padre por medio de las obras que Él hacía, sino que les indica que esas obras son verdades de Dios que ellos deben creer. En el v.11 les dice: "Crean". Crean, no solo por lo que les digo, sino por lo que hago. Jesús les muestra al Padre, y el Padre se muestra en el Hijo, por medio de las obras que hace.

3. Nosotros.

Finalmente llegamos a otra clave que, por cuanto no está muy definida en el pasaje, pudiera pasar por alto. Pero, ya que estamos hablando de palabras y señales, debemos considerar lo que nos dice el mismo Jesús en Marcos 16:17-18:

"Y estas señales seguirán a los que creen: en mi nombre echarán fuera demonios; hablarán nuevas lenguas; tomarán en las manos serpientes, y si bebieren cosa mortífera, no les hará daño; sobre los enfermos pondrán sus manos, y sanarán". (RV).

Ahora, observe con detenimiento lo que nos dice el v.12 del pasaje que hemos considerado. Juan 14:12 nos dice:

"De cierto, de cierto os digo: El que en mí cree, las obras que yo hago, él las hará también; y aún mayores hará, porque yo voy al Padre". (RVR60).

¿Ya se dio cuenta de cuál es la tercera clave? O debo decir, ¿ya se dio cuenta de *quiénes* son esa tercera clave? Jesús declaró **palabras**, que nos muestran al Padre, de que todas esas **obras**, que también nos muestran al Padre, nos seguirán a *nosotros*.

¿Sabe lo que eso quiere decir?

- Que todas esas **palabras**, que muestran al Padre, nos dicen que esas **obras**, que también muestran al Padre, nos seguirán a **nosotros** porque, a través de **nosotros**, también el Padre se muestra. ¡Aleluya!

El Padre se muestra al mundo por Sus palabras, por Sus obras y por nosotros. ¿No le parece a usted que esto es maravilloso?

Ahora bien, usted me dirá: Pastor, pero es que yo no veo a Dios. Lo que veo son problemas, enfermedades y dificultades. ¿Cómo podemos ver a Dios en un mundo tan lleno de pecado, violencia y perdición?

Necesariamente le tengo que preguntar: ¿Ha creído usted en las palabras y en las obras de Dios? Jesús sabía que esta y otras preguntas vendrían a nuestra mente, particularmente en los momentos que vivimos. Por esa razón les dice a los discípulos en Juan 14:11 que crean en Él, en Sus palabras y en Sus obras.

En ese sentido, la clave para que el mundo pueda ver a Dios por medio de nosotros es creer. Creer a Sus palabras. Creer Sus obras. El Padre se muestra al mundo por medio de nosotros cuando creemos Sus Palabras y le creemos por Sus obras.

Creer en Sus palabras y creerle por Sus obras son el testimonio con el que nosotros predicaremos el evangelio al mundo, para que ellos también lo crean. Lo que sucede es que nuestra visión está tan atrofiada que, teniendo Sus palabras y Sus obras, no alcanzamos a ver que, por medio de ellas, Jesús nos está mostrando al Padre.

A Felipe le pasó. A nosotros también nos pasa. Desafortunadamente, escuchamos Sus palabras y vemos Sus obras como quien lo hace a través del ojo de una cerradura. Nuestros sentidos están tan limitados como nuestra perspectiva de las cosas que miramos por "el agujero de la puerta".

Por nuestra actitud mezquina y estrecha, no alcanzamos a contemplar la grandeza de un Dios que se nos muestra en Su Palabra, en Sus obras y que se quiere mostrar en nuestra vida. Somos tan mezquinos cuando tratamos de conocer la plenitud de Dios a través del ojo de una cerradura que nos olvidamos que Cristo es la puerta entera.

Juan 10:9 nos dice:

"Yo soy la puerta; el que por mí entrare, será salvo; y entrará, y saldrá, y hallará pastos". (RVR60).

- ¿Por qué insistimos en tratar de espiar un poco de la grandeza de Dios cuando Cristo es la puerta entera que se nos abre de par en par para mostrarnos al Padre?
- ¿Por qué nos conformamos con tan poco de Dios, cuando detrás de "La Puerta" podemos encontrar plenitud de verdes pastos?
- ¿Por qué nos preocupamos por medios días, habiendo días enteros?

Jesús nos muestra al Padre por Su Palabra, por Sus obras y porque Él es la puerta para llegar a Su presencia.

No se conforme con mirar por el ojo de la cerradura. No espíe ni husmee lo que El Padre ha hecho que en Cristo sea suyo. ¡Abra la puerta!

La puerta abierta, que es Cristo, le mostrará al Padre. Usted lo verá por Sus palabras y por Sus obras. Entonces, el Padre se mostrará también al mundo a través de usted...

LOS COMPLEJOS Y LA CONDUCTA

Lectura: Juan 4:1-30, 39-42

Quisiera hacer un interesante análisis de uno de los más comentados casos de la Biblia. Ciertamente, del pasaje de Jesús y la mujer samaritana se pueden decir muchas cosas. Sin embargo, el análisis que quisiera desarrollar al respecto quiero enfocarlo dentro de un marco psicológico y terapéutico. Vamos a llevar a la mujer samaritana a una cita con el psicólogo.

En este caso particular de la samaritana, se trata de una mujer marcada por los complejos. Unos complejos que habían enfermado a esta mujer en su conducta. Por tanto, era necesaria la intervención del Médico por Excelencia. Era necesario que el Dr. Jesucristo hiciera su aparición.

Jesús mismo entiende que hay una necesidad que atender. Por eso el Apóstol Juan expresa en el v.4 que a Jesús le era necesario pasar por Samaria. Había un caso de emergencia. Siendo así, Jesús llega a Samaria. Es, entonces, que comienza la sesión de terapia.

Analicemos, pues, este interesante caso en todos sus pasos.

1. El inicio de la intervención.

Hay una verdad que no podemos ignorar y que es necesario que recordemos en todo momento, a partir de ahora y a lo largo de todo este proceso: Jesús lo sabe todo. Nada escapa al conocimiento de Dios. Por tanto, Jesús conocía muy bien la necesidad particular de esta mujer. ¡Por algo le era necesario pasar por Samaria!

No obstante, aun cuando Cristo conocía la necesidad de esta mujer, Él no se precipitó a abordarla directamente sobre los posibles asuntos que seguramente esta mujer estaba atravesando. Jesús no fue, como diríamos en Puerto Rico, "directo al hígado". Jesús comenzó con un acercamiento circunstancial.

Jesús conoce que en este punto del caso Él necesitaba integrarse o identificarse con la mujer y su circunstancia. Era necesario en este punto inicial "romper el hielo". Tender un puente de comunicación. Entonces, aprovecha que ella viene a buscar agua al pozo para iniciar una conversación.

Es necesario señalar que este acercamiento inicial busca ganar la confianza de la otra persona, por lo que lograr ese acercamiento generalmente depende de actuar en un momento preciso. Esta parte es crucial, pues si no se logra acceso o acercamiento, el proceso de intervención no podrá desarrollarse.

Desde luego, en este punto tan frágil de la intervención, el intento de conexión puede perderse fácilmente si no se maneja adecuadamente la respuesta inicial al acercamiento por parte del intervenido.

En el caso de la mujer samaritana, su respuesta estuvo matizada por el siguiente aspecto del caso.

2. Complejos sociales.

Ante el acercamiento inicial de Jesús, la mujer asumió una actitud defensiva. Ella recurrió a la realidad social de separación entre los judíos y los samaritanos como una evidente excusa para no darle agua a Jesús. Ella se escudó tras un complejo social para evitar el acercamiento y la eventual intervención de Cristo en su caso.

Esta es una actitud defensiva muy común. Por lo general, muchas personas intentan poner una barrera en la comunicación para no ser confrontados con la realidad de que necesitan ayuda en alguna área de su vida.

Algunas personas asumen lo que conocemos como una actitud de negación. Lo primero que dicen es que ellos están bien, que no tienen nada o que simplemente ellos no están locos. La negación es no reconocer, consciente o inconscientemente, que tienen un problema.

En este caso particular, esta negación aparece oculta convenientemente tras este complejo social. Ante este primer obstáculo, Jesús la regresa al punto inicial de su conversación, recordándole sutilmente que ella se acercó al pozo con una necesidad. Esta necesidad de agua fue la misma con la que Jesús se acercó a esta mujer. Al pedirle agua, Jesús se ubica al nivel de necesidad de esta samaritana, por lo que le permite de igual forma a la mujer que se identifique con la misma necesidad que ambos tienen. Jesús busca un punto de conexión entre ellos.

Entonces, en este punto, Jesús aprovecha para presentar una nueva alternativa o posibilidad. El v.10 es el comienzo de la ministración de Jesús a esta mujer.

En primer lugar, desvía en ella la atención de su necesidad evidente de agua hacia una necesidad aún mayor. Para eso, invierte muy hábilmente los papeles, pero manteniendo el aspecto de la necesidad. De acuerdo al v.10, ahora no es Él quien necesita agua. Ahora es ella quien la necesita.

Pero lo mejor y más sorprendente de todo es que Cristo mismo es quien puede suplir esa necesidad. ¡Precisamente quien le había pedido agua primero! Inicialmente Él pidió agua. Ahora es Él quien la ofrece para que ella la pida. De forma genial, Jesús invirtió los papeles.

Al invertir los papeles, Jesús puso a esta mujer en el lugar que la quería. La mujer va quedando cada vez más susceptible a la terapia. No obstante, ante este acercamiento más profundo, la mujer vuelve y responde con otra evasiva. Vuelve a utilizar un mecanismo de defensa. Recurre, entonces, a otro complejo.

3. Complejo material.

El v.11 nos presenta a la mujer evaluando la situación del momento. Aunque usted no lo crea, este es un comienzo tenue, pero comienzo al fin, de un reconocimiento de las circunstancias que Jesús quería que la mujer hiciera.

Jesús iba poco a poco llevando a esta mujer a un reconocimiento de recursos y a una aceptación de su situación. Ella sabe que el pozo es hondo, y que para sacar agua, Jesús necesitaba de algo para sacarla. Ella tiene un cuadro aparentemente claro, hasta el momento, de lo que es necesario para resolver su problema. Entonces, cuando Jesús le ofrece agua viva, esta mujer cuestiona la posibilidad de Jesús de darle esa agua viva pues ella veía que Él no tenía con qué sacar agua.

Ella recurre a un complejo material, seguramente porque no había entendido su verdadera necesidad, o porque ciertamente no entendía el propósito de Jesús.

Mucha gente piensa que su seguridad y confianza está en las cosas materiales con las que cuenta. El complejo material de esta mujer le hacía creer que, si no tenía lo materialmente necesario, no se podían resolver los problemas inmediatos. Pero Jesús realmente le había planteado otra necesidad. Una necesidad que ahora parecía ser más evidente, pues Jesús había cruzado un límite. Jesús ha comenzado a abordar estratégicamente a esta mujer y a la circunstancia que lo había llevado a Samaria.

Ahora bien, todavía la mujer está en una fase defensiva. Ella, evidentemente, trata de cerrar la puerta que ya Jesús tiene bloqueada con su pie. Para ello, recurre al mismo complejo social del principio, pero acompañado de arrogancia. La samaritana asume una falsa postura de superioridad indicándole a Jesús que fue Jacob quien dejó ese pozo a los samaritanos. En el v. 12 pareciera que esta mujer le restriega en la cara a Jesús que ese pozo es de ellos.

Cualquier persona, ante este evidente choque, hubiera abandonado el acercamiento. Pero Jesús ya estaba decidido a intervenir con esta mujer. Acto seguido, Jesús despacha este asunto de falsa superioridad indicando a esta mujer una realidad simple y sencilla. Jesús le recuerda que no importa cuánta agua tome de ese pozo, siempre volverá a tener sed.

Pero, si ella así lo quisiera, si ella realmente entendiera y aceptara cuál es su verdadera necesidad, y si ella dejara de eludir y evitar su necesario encuentro con su realidad, ella jamás volvería a tener sed. Ella jamás necesitaría esconderse detrás de sus complejos para no atender y arreglar su vida.

A propósito, ¿qué pasó con el agua que Jesús le pidió a la samaritana? ¿Se la dio ella? ¿La recibió Él? Realmente esa agua no era la importante. Ya en este punto no importaba si la mujer había sacado el agua o no. No importaba si le había dado a Jesús el agua que Él le había pedido. Sin darse cuenta, ya Jesús había llevado a esta mujer de un punto superficial a un punto más real y profundo. Había llevado a esta mujer de lo ordinario a lo extraordinario.

El v.14 ya plantea un acercamiento que apunta a las verdades del evangelio. Ya Jesús está ministrando directamente a la samaritana. Jesús estaba llevando a esta mujer a reconocer y aceptar un cambio. Algo que haría su vida diferente. Jesús la estaba llevando a una renovación del pensamiento. (Romanos 12:2).

Ahora bien, note algo muy interesante. La samaritana, aun cuando había comenzado a recibir un nuevo enfoque para su vida, confundió el ofrecimiento de Jesús.

- Ella trató de enfocar el ofrecimiento de Cristo hacia la cuestión equivocada.
- Ella interpretó que lo que Jesús le ofrecía le ayudaría a resolver su necesidad inmediata, cuando Jesús realmente buscaba satisfacer una necesidad de índole eterna.

Esto ocurre con mucha frecuencia en consejería. La tendencia general de los aconsejados es a remediar la situación inmediata. Aliviar el dolor sin detenerse a investigar su causa y procurar acciones correctivas para que la situación no vuelva a repetirse. Es por eso que esta mujer le dice a Jesús en el v.15 que le dé de esa agua viva, pero con la única intención de no tener que volver a sacar agua del pozo.

Sin embargo, Jesús no la corrige. La intención de la mujer era equivocada, pero ciertamente no estaba lista aún para entenderlo. No era, entonces, el momento de corregir. Era el momento de aprovechar el espacio que la mujer estaba abriendo. Este era el momento para apretar el paso en la intervención.

Ahora Jesús no encuentra resistencia a su oferta. Ahora esta mujer ha desactivado momentáneamente sus mecanismos de defensa. Ahora era el momento de Jesús para un nuevo acercamiento.

4. Acercamiento sistémico.

En este punto de la conversación, o de la terapia, Jesús aprovecha para acomodar su intervención dentro de un marco más amplio. Jesús lleva el asunto de un plano personal a un plano integral, o sea, al plano de las demás áreas de la vida de esta mujer.

Para ello, y sin tratar de corregir a esta mujer en este momento de su error, le dice en el v.16 que llame a su marido. En este punto Jesús invita indirectamente a la mujer a reconocer su estado actual, y a considerar la posibilidad de cambio para la totalidad de su vida.

Esto establece 3 verdades bíblicas muy importantes:

- Las verdades del evangelio son para aplicarlas a todas las áreas de nuestra vida. El evangelio de Cristo llegó para que el Cristo del evangelio supla todas nuestras necesidades conforme a sus riquezas en gloria. (Filipenses 4:19).
- No es necesario entender cómo estas verdades impactarán nuestra vida para comenzar a aceptarlas.
- No es necesario comprender primero el evangelio para luego recibirlo. El orden es a la inversa. Primero se acepta y luego se comprende.

Mucha gente piensa que para recibir a Cristo como Salvador y Señor de su vida deben estar preparados primero, cuando lo verdaderamente necesario para recibir a Cristo es simplemente no tenerlo. Cristo y el evangelio es, precisamente, para aquellos que no están preparados. Lo que hace falta para beber del agua de vida es simplemente tener sed de ella.

Acto seguido, cuando Jesús le dice a esta mujer que busque a su marido, ella le contesta que no tiene marido. Lo que esta mujer no sabía era que Jesús estaba preparando el terreno para el próximo paso en la intervención psicológica de este interesante caso.

5. La confrontación.

La confrontación en consejería es el momento más tenso de la intervención. En este momento es que el consejero puede traer a la luz las posibles razones que llevaron a la persona al momento de su necesidad. Pero esta confrontación debe reservarse para cuando la persona esté lista para asimilar y aceptar su responsabilidad en su problema.

En una etapa inicial la persona no acepta que tiene un problema, y mucho menos que, si lo tuviera, él o ella tenga parte o la totalidad de la culpa. Desde luego, el acercamiento de Jesús en este momento de la confrontación es uno lleno de misericordia.

Jesús le reconoce a esta mujer que ha dicho la verdad. Jesús primero afirma lo positivo dentro de lo negativo para poder hacer su señalamiento, y que la mujer no se sintiera agredida o criticada, aun cuando prácticamente la estaban descubriendo. Esta actitud de Jesús le da a entender a esta mujer que la intención de Jesús no es una de recriminación, sino de comprensión.

Esta es una práctica muy común de Jesús, particularmente cuando vemos que El utiliza esta misma técnica con las 7 iglesias de Asia Menor mencionadas en el libro de Apocalipsis. Pero ese, desde luego, es otro caso.

Ahora, note usted que, aun cuando Jesús le había demostrado a esta mujer que no tenía de qué preocuparse y que podía tener confianza en Él, la mujer tuvo una reacción mixta. Por un lado no rechazó ni criticó el descubrimiento de Jesús. Aun cuando Jesús le estaba "sacando los trapitos al sol", esta mujer no negó su verdad. No obstante, volvió a asumir una posición defensiva. Volvió a recurrir a otro complejo.

6. Complejos espirituales.

Aun cuando la mujer no negó su responsabilidad en este asunto, no pudo evitar la tentación de tratar de "limpiar" un poco su imagen. Para ello, trató de "lanzar una cortina de humo", aludiendo a un asunto irrelevante.

En el v.20 pareciera que la mujer se carraspea la garganta para presentarle a Jesús un asunto de adoración, en un claro intento para escapar de la inevitable confrontación. No obstante, Jesús la desarma inmediatamente indicándole que el asunto que Él le plantea no es un asunto de adoración, sino uno de salvación.

En muchas ocasiones, aun cuando la persona pueda llegar al remordimiento, no significa que haya llegado al arrepentimiento. Ambas cosas son muy diferentes. Muchas personas, luego de una o varias sesiones de terapia, admiten su culpa. Sin embargo, admitir la culpa no es suficiente para corregir su vida y comenzar un cambio. Por lo mismo, conozco a personas que admiten que necesitan de Dios de una u otra forma. Desafortunadamente, eso no significa que hayan decidido buscarle.

En esta magistral intervención de Jesús, esta mujer es llevada a identificar su verdadera necesidad. El v.25 nos presenta un aspecto fundamental de la necesidad que Jesús quería identificar en esta mujer, y que era necesario que ella misma reconociera y comprendiera. Ya la mujer comienza a razonar, sin darse cuenta que no ha tenido que forzar un razonamiento, sino que simplemente lo que ha hecho es dejar de refutar y tratar de esconderse.

Jesús la lleva a...

7. La concienciación.

Ya en este punto, la mujer comienza a descubrir una nueva inquietud. Pero esta vez no hay complejos. No hay mecanismos de defensa. Hay una admisión de insuficiencia.

Esta mujer admite por primera vez que hay algo en su vida que ella espera, y que eso que necesita le ayudará a explicar todas las cosas.

La concienciación es una etapa en la terapia en la cual la persona es llevada a crear, precisamente, una nueva conciencia, un nuevo razonamiento de las cosas, a reenfocar en sus prioridades y a provocar cambios. No se puede pretender que la persona realice cambios cuando realmente no sabe ni por qué tiene que hacerlos.

Ya en esta etapa, la mujer está lista. Ya está preparada para buscar aquello que le ayude en su situación particular. Pero no tan sólo está preparada, sino que ella misma identifica lo que necesita. No es Jesús quien le dice a esta mujer que necesita del Cristo. Es ella quien reconoce que solamente el Cristo le declarará todas las cosas.

Ahora bien, en el caso de los consejeros y psicólogos, la terapia es dirigida a que sea la misma persona quien identifique los recursos que tiene y que necesita para afrontar su problema.

El psicólogo no le resuelve problemas a nadie. Ayuda a la persona a que los resuelva. Pero en este caso particular, Jesús rompe con todos los estándares. Jesús supera a su misma terapia. La samaritana finalmente comprende que necesita de Cristo, porque solamente Él le podrá declarar todas las cosas.

Ahora Jesús se descubre. Siempre ha sido necesario que el hombre y la mujer busquen a Dios. El sacrificio de Cristo salva a todos los hombres, pero para que todos los hombres sean salvos, todos los hombres deben querer ser salvos. Dios quiere. El hombre debe querer también. Dios nunca va a obligarlo.

Ahora, finalmente, Jesús le dice:

- Yo soy ese Cristo que tú necesitas.
- Yo soy quien tengo el agua que tú buscas.
- Yo soy quien tengo la respuesta a todas tus preguntas.
- Yo soy quien puedo arreglar tu vida.

Jesús ya había llevado a la mujer a encontrar la solución de su problema. Ahora se le presenta El mismo como la solución a su problema y su vida.

Finalmente ocurre algo maravilloso. Pero esto que ocurre no es precisamente parte de la terapia. Es, más bien, un resultado de la misma.

8. El cántaro.

El v.28 nos muestra un efecto propio de una terapia perfectamente realizada. La mujer llegó al pozo con un cántaro, pues ella entendía que su cántaro le ayudaría a suplir su necesidad. Sin embargo, esta necesidad era una necesidad aparente, falsa y superficial.

Su necesidad era de agua, pero no un agua cualquiera. Su verdadera necesidad estaba encubierta por complejos de todo tipo que no le permitían identificarla.

Esto no quiere decir que la mujer realmente no necesitara agua. Seguramente regresó muchas veces más a buscarla en el pozo. Pero en este momento era necesario abandonar un asunto secundario por un asunto verdaderamente importante.

Es por eso que en este momento el agua no era importante. Pero, ¿sabe qué? ¡El cántaro tampoco! ¡Por supuesto! Si el agua del pozo ya no era importante, ¿qué utilidad tenía el cántaro?

El cántaro representaba lo que la mujer creía que era importante. Pero ahora, eso que ella pensaba que era importante, ya no lo era. Ya podía dejarlo atrás. Ya podía desprenderse de lo innecesario. Ya no necesitaba el cántaro. Había algo más importante que buscar y algo más importante que hacer.

El impacto causado por Jesús en esta mujer no quedó meramente en un asunto personal. Este impacto había causado a su vez una nueva consecuencia. Ahora llegaba el momento de la recomendación.

Usualmente, cuando encontramos un buen doctor, una buena medicina o nos dan un buen servicio, acostumbramos recomendarlo a nuestros amigos y familiares. Estamos tan satisfechos por lo que hemos recibido que no dudamos en ofrecerlo y recomendarlo a los demás.

Eso hizo esta mujer. Su vida había cambiado de tal manera que era necesario declararlo. Dice el v.28 que después de dejar su cántaro la mujer fue a la ciudad a contar a todos su encuentro con Jesús y lo que había sucedido con ella. Posteriormente, en el v.42, el pueblo afirma y confirma lo que esta mujer había declarado.

Ciertamente Jesús había realizado una intervención extraordinaria y magnífica con esta mujer. Lo cierto es que también puede hacerlo con nosotros. Detrás de los complejos casi siempre se oculta algún asunto no resuelto de nuestra vida. Los complejos son una forma de querer evitarlos. Son una máscara. Son un escondite para los miedos y el dolor. Los complejos son malas respuestas con las que se pretenden remendar los vacíos del alma. Afortunadamente, esto tiene remedio.

¿No nos gustaría tener en este momento una sesión de terapia con Jesús?

Preguntémonos:

- ¿Cuáles son nuestros complejos?
- ¿Nos ocultaremos detrás de estos complejos para evadir nuestro inevitable encuentro con Jesús?
- ¿Cuál es nuestra verdadera necesidad?
- ¿Quieres venir al pozo y saciar tu sed?

Tal vez vas camino al Pozo de Jacob, en la Samaria de tu vida, a buscar una solución pasajera para tu caso. Pero te tengo buenas noticias. Acepta esta llamada como una confirmación a tu cita con El Psicólogo por Excelencia.

Él te espera. Ven con tu cántaro. Ven con tus complejos. Pero, ¡VEN! Hoy es tu cita...

CLINICA PARA MANEJO DEL DOLOR Y EL ESTRÉS

Lecturas: Varias

Una mujer vino a mi consulta:

"Pastor, estoy atravesando una crisis. Mi vida es un trauma psicológico. Tengo ciertas complicaciones de salud, estoy terminando una maestría en educación, soy maestra en un colegio y pastoreo una iglesia. Además, tengo un esposo y unos hijos que atender, y estoy a cargo de mi madre, la cual está muy enferma. Llevo el mundo sobre mis hombros y estoy muy angustiada".

Si a usted le parece que este caso se parece a la condición de vida que usted pudiera estar atravesando, le recuerdo que cualquier parecido con la realidad ha sido pura coincidencia. Lo cierto es que, en cierta medida, todos atravesamos por situaciones similares en la vida. Como diría un viejo refrán puertorriqueño: *"El que no tiene dinga, tiene mandinga"*. Cuando a uno no le molesta el zapato derecho, es porque le molesta el izquierdo, y cosas así por el estilo.

Afortunadamente, la Palabra de Dios nos demuestra que el Dios de la Palabra tiene conocimiento de esta dinámica de vida humana. Si hay algo que usualmente nos preocupa, nos molesta y nos atemoriza es el dolor.

Nadie quiere sufrir. Esta es la razón por la que muchos de nosotros no soportamos las inyecciones, nos resistimos a las operaciones y preferimos la anestesia general, así sea hasta para atendernos una uña encarnada.

Antes de que usted me pregunte cómo es posible manejar un caso como el de esta mujer, (o posiblemente el suyo), quisiera destacar algunos puntos importantes en la consideración práctica de los elementos psicológicos del dolor.

1. Anatomía de una crisis.

A continuación presentaremos un esquema general para el desarrollo de una crisis:

Estrés ➜ Dolor ➜ Trauma ➜ Problema ➜ Crisis

Como podemos ver, una crisis no surge de la nada. La existencia de una crisis sugiere la presencia de unos elementos previos, los cuales, si no son debidamente atendidos, pueden degenerarse y causar una situación crítica.

Este asunto es considerado en las Escrituras, cuando el Apóstol Santiago nos presenta el evento crítico del pecado y la muerte como un asunto degenerativo.

¿Cómo lo presenta el Apóstol Santiago?

"Entonces la concupiscencia, después que ha concebido, da a luz el pecado; y el pecado, siendo consumado, da a luz la muerte." (Santiago 1:15). (RVR60).

Desde esa perspectiva, podemos establecer que los problemas son producto de traumas acumulados, los cuales fueron a su vez dolores acumulados a causa de estrés acumulado. Siendo esto cierto, podemos establecer lo siguiente.

2. Decir "problemas" no es decir "crisis".

Este es un concepto que debemos aclararlo de manera definitiva. Como hemos visto en el esquema que hemos ilustrado, el estrés no es sinónimo de dolor, ni el dolor es sinónimo de trauma, ni el trauma es sinónimo de problema. Por tanto, el problema no tiene por qué ser sinónimo de crisis.

¿Qué es un problema? Un problema es una complicación o desafío que se nos presenta, en ocasiones inesperado, ante un asunto o cuestión determinada que requiere una solución.

En ese sentido, si usted tiene un problema, usted no necesariamente tiene una crisis. La crisis pudiera aparecer si el problema es mal manejado o permanece sin solución.

Por lo tanto, si usted tiene un problema, pero tiene la capacidad y los recursos para resolverlo, usted realmente no tiene una crisis. Usted realmente lo que tiene es un problema o un asunto por resolver. Tan pronto lo resuelve, se acabó el problema y no hay crisis. Entonces, si las crisis no son necesariamente problemas, podemos también establecer lo siguiente.

3. Los problemas no llevan directamente a una crisis.

Antes de que un problema se convierta en una crisis, es necesario observar un orden sistemático de algunos eventos, los cuales tienen sus propias definiciones. De eso trata, precisamente, el esquema que presentamos previamente.

Para explicar este punto de manera más gráfica, un domingo en la mañana le pedí a un joven de nuestra iglesia que me ayudara a ilustrar esta idea.

A este joven le pedí que se parara a mi lado. En un momento de la explicación, me le acerqué bastante, lo cual provocó en él algo de tensión, pues retiró su mirada de la congregación y procuró observarme con detenimiento y preocupación. Luego, le apliqué a este joven un pellizco leve en el brazo. Luego, lo pellizqué levemente, pero en esta ocasión mantuve mi pellizco en su brazo de manera constante.

Luego, fui incrementando la presión del pellizco en su brazo, hasta el punto en que ya el pellizco le pareció molestoso y doloroso. Fue en ese momento en el que el joven se retiró de mí, apartando mi mano de su brazo.

Note cómo cada componente del esquema se presenta en esta ilustración. Del estrés de acercarme, al pellizco leve, al pellizco más intenso se denota una progresión en la condición.

No obstante, la ilustración me permitió mostrar una consideración muy importante. En algún punto del esquema, este joven rompió con la cadena de la crisis cuando se apartó de mí y retiró mi mano de su brazo, lo que de alguna manera no permitió que el dolor, o el trauma o el problema degeneraran en una crisis.

Hay un viejo refrán que dice: *"El mal a tiempo tiene remedio"*. Una aplicación práctica de este refrán implica que pueden haber asuntos en nuestra vida que pudieran estar provocando estrés y que, por no haber degenerado en dolor, no les estamos prestando atención, pero que atender ese asunto a tiempo puede evitarlo.

Hay que tomar en cuenta una consideración importante en este punto. En el campo de la psicología existe algo a lo que llamamos ansiedad crónica.

Este tipo de ansiedad, lejos de dar a entender la presencia de una cuestión crítica, de lo que trata más bien es del tipo de estrés causado por las gestiones normales del diario vivir. Por ejemplo:

- El apuro normal por llegar temprano al lugar de trabajo.
- El ajetreo diario de llevar a los niños a la escuela.
- La presión normal de cumplir con ciertas responsabilidades.
- El apremio normal de cumplir con ciertas fechas límite para el pago de una deuda o la presentación de una tarea en el trabajo o la universidad.

Todos estos son asuntos en los que sabemos que estamos inmersos, pero que por su naturaleza cotidiana o regular no parecen presentarnos complicaciones mayores. Ahora bien, estos asuntos que consideramos dentro del estrés normal de la vida pudieran tornarse dolorosos por diferentes factores:

- Pérdida del empleo que no permita continuar con el plan económico de la estructura de responsabilidades asumidas.
- Asuntos de salud que imposibiliten nuestro desenvolvimiento normal.
- Cambios de diferente tipo. (Mudanzas, separaciones, transiciones normales de la vida).

Es importante, entonces, que observemos cuidadosamente el momento en el que un estrés regular se torna en un pequeño dolor. Solo usted sabe si su estrés ha comenzado a dolerle. Entonces, es necesario considerar el siguiente asunto relacionado al dolor.

4. El dolor es un aviso.

Los seres humanos nos quejamos por el dolor. Como dijimos al principio, nadie quiere sufrir. El dolor es una molestia muy incómoda. Es una sensación indeseable. Sin embargo, el dolor tiene un propósito especial. Tan especial es el dolor que podríamos decir que ese propósito es, hasta cierto punto, divino.

El dolor en el cuerpo es una alarma que está indicando la presencia de algún intruso en el sistema corporal, o denuncia algún mal funcionamiento de una parte específica del cuerpo. En ese sentido, el dolor es un indicador de que el estrés está traspasando unos límites prohibidos. El estrés se está acumulando o incrementando. El estrés se está "pasando de la raya".

Cuando hay presencia de dolor, esto lo que indica es que se ha iniciado una transición que irá en ruta a una crisis, pasando por los distintos niveles del esquema, si no hacemos nada al respecto.

La Palabra de Dios nos presenta varios ejemplos interesantes, los cuales nos pueden ayudar a manejar el estrés, y aun hasta el dolor cuando éste se presente. En primer lugar, la Biblia nos confronta con la realidad de que el estrés y el dolor formarán parte de nuestra vida. Juan 16:33 nos dice:

"Estas cosas os he hablado para que en mí tengáis paz. En el mundo tendréis aflicción; pero confiad, yo he vencido al mundo". (RVR60).

Como vemos, la necesidad de un manejo de dolor y estrés implica la realidad del dolor y el estrés. El estrés y el dolor realmente existen, serán parte de nuestra vida y será necesario que aprendamos a manejarlos adecuadamente, o de lo contrario, comenzaremos a ver cómo nuestro panorama se complica gradualmente.

Ahora bien, note algo muy interesante. Las Escrituras consideran la presencia de estrés y dolor en nuestra vida como algo dentro de lo normal, pero no considera lo mismo para el trauma, el problema o la crisis.

¿Querrá esto decir que los traumas, los problemas y las crisis de nuestra vida no están contempladas en la Palabra de Dios? ¿Será que Dios no considera la realidad de los traumas, los problemas y las crisis? En ese sentido, conviene considerar los siguientes dos asuntos de nuestra reflexión.

5. Los traumas, los problemas y las crisis podemos ponerlas en manos de Dios. El estrés y el dolor lo manejamos nosotros.

Usted dirá que hay dolores que son insoportables y que solamente la mano de Dios es la única que puede hacerlos desaparecer. Lo cierto es que Dios puede hacer desaparecer el dolor, pero no es menos cierto que cuando el estrés ha degenerado en dolor implica que hemos hecho un mal manejo del estrés, por tanto nosotros somos los responsables.

Somos responsables del dolor, pues el dolor es una consecuencia del mal manejo del estrés. En ese sentido, Dios puede aliviar el dolor, pero eso no significa que Dios lo ha relevado de toda responsabilidad por el dolor causado.

Tome, por ejemplo, el dolor causado por el pecado. El dolor causado por el pecado no desaparece hasta que el ser humano no asume su responsabilidad ante Dios, y mediante el arrepentimiento procura el perdón por medio de Jesucristo. Si esto no ocurre, el dolor del pecado permanecerá en la vida de la persona, y peor aún, como nos dice Santiago 1:15, ese pecado degenerará en condenación y muerte eterna. Es, entonces, nuestra responsabilidad no permitir que el estrés inevitable de nuestra vida se convierta en dolor.

Tener este cuidado demuestra una buena mayordomía de nuestro ser integral. Ese cuidado y observación está a un nivel manejable para nosotros. Podemos evitar el dolor manejando el estrés. Si ese estrés no es manejado, o si lo ignoramos, el mismo se convertirá, entonces, en un dolor insoportable.

Esta es la razón por la que la Palabra de Dios dispone de una clínica para el manejo del dolor y el estrés. Buscarla y utilizarla es nuestra responsabilidad. Recuerde que, según sugiere Hebreos 12:1, somos nosotros quienes debemos despojarnos de todo peso y del pecado que nos asedia, porque somos nosotros quienes debemos correr con paciencia la carrera que tenemos por delante.

Pero el manejo de traumas, problemas y crisis también requiere otro tipo de atención. La Clínica para el Manejo del Dolor y el Estrés proporcionada por la Palabra de Dios nos permite cuidarnos, y no permitir que las situaciones cotidianas alcancen un nivel superior al permitido por nuestras capacidades, de manera que el dolor no se manifieste. En adición, Dios nos asiste en todo tiempo, pero no podemos culpar a Dios por asuntos de los que nosotros somos responsables. Por otra parte, y como el esquema de la anatomía de la crisis sugiere, el alcanzar un nuevo nivel en la escala implica una cuestión acumulativa, y una sobrecarga que nosotros debemos evitar.

Esto significa que, por ejemplo, cuando una situación en nuestra vida ya ha alcanzado el nivel de crisis, implica que todos los niveles anteriores, junto con sus cargas emocionales, están presentes, y lo peor es que todos ellos ya han alcanzado y rebasado el nivel máximo de capacidad. Es por eso que una persona en crisis siente un estrés asfixiante, un dolor insoportable, un trauma inimaginable y representa un problema agobiante.

¿Qué podemos hacer? ¿Cómo la clínica para el manejo del estrés y el dolor de la Escritura nos puede asistir? La recomendación de la Palabra de Dios es inicialmente a combatir todo el esquema desde el principio. En Cantares 2:15, encontramos un llamado a no permitir que las cuestiones que aparentan ser insignificantes echen a perder los buenos frutos de nuestra vida.

"Atrapen las zorras, las zorras pequeñas que arruinan nuestros viñedos, nuestros viñedos en flor". (Biblia Dios Habla Hoy).

En ese sentido, el esquema de la crisis nos ayuda a reconocer que la exposición constante al estrés puede provocarnos dolor. Si hacemos caso omiso a ese dolor, podemos estar exponiéndonos a que un trauma se desarrolle, lo cual representará un problema que requerirá una solución.

Si en este punto hemos ignorado la presencia de un problema, bien sea por testarudez, temeridad o ignorancia, la posibilidad de una crisis será inminente.

Por otro lado, es necesario que nosotros evaluemos los asuntos no mostrados en el esquema que pueden estar conduciéndonos a un nivel superior dentro del mismo.

Pregúntese por un momento, y hágalo con sinceridad:

- ¿Es mi dolor el producto de una sobrecarga inadecuada de estrés acumulado o por asumir una cantidad excesiva de responsabilidades, incluso aquellas que no me corresponden?
- ¿Será que por haberme tragado todo mi dolor por tanto tiempo lo he convertido en un trauma incapacitante, frustrante y doloroso?
- ¿En qué medida mi problema significa que tengo traumas en mi vida que no he trabajado delante de Dios?
- ¿Hasta qué punto la crisis en la que me encuentro es el resultado de problemas que no he atendido, que me resisto a resolver, que no quiero que nadie se entere o que no quiero que ni Dios me ayude?
- ¿En cuál etapa creo que me encuentro, o será que en mi vida estoy atravesando por todas ellas?

- No negamos la realidad de que hay eventos repentinos e inesperados en nuestra vida que producen estrés, dolor, traumas, problemas y crisis, pero, ¿habremos sido nosotros los causantes de algunos de estos eventos?
- ¿Será nuestra crisis particular una cuestión súbita, o la hemos venido "incubando" por algún tiempo?

La manera de saberlo es buscando ayuda en la Clínica del Manejo del Dolor y el Estrés. Todavía a ese nivel cualquier asunto pudiera ser manejable. Lo mejor de todo es que El Médico por Excelencia tiene definitivamente el remedio que buscas.

Como si esto fuera poco, Jesús ha prometido estar disponible para consulta inmediata en todo tiempo.

¿Qué esperas? Haz tu cita hoy mismo...

DEPENDENCIA INTEGRAL

Lectura: Éxodo 17:8-13

El hombre es un ser gregario. Esto significa que tiene la capacidad de agruparse o asociarse para compartir ideas e iniciativas. En ese sentido, los seres humanos no se "juntan", como quien amontona piedras en un lugar. Fue creado por Dios, entre otras cosas, para vivir en comunidad. Para "congregarse". Vivimos en un mundo donde tenemos que relacionarnos diariamente con gente. Familiares, vecinos, compañeros de trabajo y hermanos de la iglesia son sólo algunos de estos ejemplos.

Esta realidad sugiere la necesidad inevitable de relacionarnos, y de muchas veces depender de los demás, es una experiencia que se repite constantemente en nuestras vidas. Nuestra realidad de vida es una de dependencia.

- Dependemos de que el mecánico haga un buen trabajo en nuestro auto para no quedarnos a pie, o para no tener un accidente, precisamente por desperfectos mecánicos.
- Dependemos de un buen trabajo de nuestro abogado para salir airoso en algún caso o para conseguir el favor de la ley en algún proceso judicial, legal o civil.

- Dependemos del conocimiento de los médicos para conservar la salud, y en muchas ocasiones hasta la vida.

Por tanto, podemos afirmar que el hombre, además de haber sido creado para relacionarse entre sí, también fue creado para depender. Nunca existirá para el hombre una independencia total.

Ahora bien, si vamos a hablar de dependencia, debemos considerarla de manera integral, es decir, una dependencia en y desde todos los aspectos de la vida, pues nuestra vida se compone de varios aspectos. Esta es, por cierto, una realidad que se contempla dentro del marco bíblico.

La Palabra de Dios nos está refiriendo constantemente hacia esa realidad integral a partir de los modelos bíblicos que nos presenta. Y, desde luego, el modelo bíblico integral por excelencia es la figura de Nuestro Señor Jesucristo.

Lucas 2:52 es la base bíblica para lo que conocemos como el acercamiento sistémico. En este texto bíblico se identifican los cuatro aspectos integrales de la vida en los cuales Jesús es nuestro modelo para la totalidad de nuestra vida:

- Sabiduría – Aspecto intelectual, económico o material.
- Estatura – Aspecto físico. (La salud. El cuidado del cuerpo).
- Gracia para con Dios – Aspecto espiritual.
- Gracia para con los hombres – Aspecto relacional o social.

Desde esa perspectiva, el pasaje de Éxodo 17:8-13 nos ofrece un modelo bíblico para la realidad existencial de la dependencia en las relaciones. En este pasaje podemos identificar un modelo bíblico para la dependencia integral a partir de ciertos elementos que conectan funcionalmente con los aspectos integrales de Lucas 2:52.

Analicemos cada elemento en detalle, a fin de descifrar el modelo bíblico para la dependencia integral que este pasaje nos ofrece.

1. La vara.

Quisiera anotar brevemente una interesante observación práctica relacionada a este elemento antes de considerarlo directamente. Vayamos al contexto histórico de esta porción bíblica para hacer un poco de historia.

En el pasaje que hemos leído, encontramos que el pueblo de Israel habría de enfrentarse a los amalecitas. Ahora bien, note usted algo bien interesante en este enfrentamiento.

El mismo ocurre justo después que el pueblo había sido bendecido por Dios con el milagro de las aguas de la peña. Dios había suplido la necesidad de agua del pueblo. Una necesidad que contaba con el agravante de que ellos se encontraban en pleno desierto. Evidentemente la necesidad de agua era realmente imperiosa.

Consideremos, sin embargo, que la bendición de Dios fue realmente espectacular. Dios les dio agua justo cuando la necesitaban, y esto fue un milagro. Ahora bien, dársela de una peña fue realmente sorprendente. Pero más aún, dársela en medio del desierto es realmente increíble.

Ahora, observe conmigo lo siguiente. ¿Ha notado usted que, casi inmediatamente que recibimos una bendición de parte de Dios, nos surge otra preocupación? ¿Cómo es que, no bien salimos de un problema, casi inmediatamente nos llega otro? La Palabra de Dios nos advierte de este fenómeno. En 1 Pedro 4:12 nos dice:

"Amados, no os sorprendáis del fuego de prueba que os ha sobrevenido (sobrevenir = uno detrás del otro), como si alguna cosa extraña os aconteciese". (RVR60). (Paréntesis añadido).

Este sobrevenir de situaciones, una detrás de la otra, no debe sorprendernos. Por si esto fuera poco, la Biblia nos presenta además el porqué de este fenómeno:

"Sed sobrios y velad (estar <u>constantemente</u> pendientes); *porque vuestro adversario el diablo, como león rugiente, anda alrededor buscando a quien devorar".* (1 Pedro 5:8).   (RVR60). (Paréntesis añadido).

Una realidad constante para nosotros, como pueblo de Dios, es vernos acosados constantemente por el enemigo de Dios. Luego entonces, el constante fuego de prueba no debe sorprendernos.

Por supuesto, al igual que a muchos de nosotros, el pueblo de Israel también experimentó este mismo fenómeno. Justo después de recibir una bendición tan extraordinaria, reciben el ataque de una nación enemiga. Entonces, en ese difícil instante, el v.9 nos presenta el primer elemento a considerar para una vida de dependencia integral exitosa y de bendición. Ese primer elemento es la vara.

La vara constituía para Moisés y para el pueblo ese elemento de conocimiento y recordación del poder de Dios. Desde luego, no era que la vara en sí misma tuviera poder, sino que era un elemento visible que les recordaría el poder invisible de Dios. La vara no representaba el poder sobre los elementos, sino que representaba un elemento de poder. En ese sentido, ¿qué aplicación tiene, entonces, para nuestras vidas mencionar esto como parte de un modelo de dependencia integral?

La vara representa todo aquel recurso que tenemos a la mano. Representa el aspecto de sabiduría del modelo de Lucas 2:52. Representa todo aquello con lo que contamos para hacer frente a una situación específica. Son aquellas capacidades, habilidades o recursos materiales con los que Dios nos ha provisto para resolver aquellas situaciones que constantemente se nos están presentando en la vida.

Nadie se equivoque. El dinero es una bendición de Dios. Los estudios y una buena preparación académica son una bendición de Dios. Toda habilidad, innata o adquirida por la práctica, es una bendición de Dios. La ventaja de haber vivido unas experiencias también representa una bendición de Dios. Por tanto, todo aquello que tenemos, todo lo que somos y todo con lo que contamos son bendiciones de Dios.

Ahora bien, la adquisición de todos estos recursos tiene un propósito. Todo eso nos es dado para que nos sirvan de recurso en el caminar de nuestra vida, y para hacer frente a todas las situaciones con las que constantemente nos encontramos. La vara en tu mano representa el poder que Dios te ha dado para enfrentar en tu vida lo que venga.

En Hechos 1:8, Jesús le dice a sus discípulos, justo antes de ascender a los cielos luego de su resurrección, *"y recibiréis poder"*.

¿Para qué creen ustedes que recibirían poder? ¿Para que luego Dios tuviera que hacerlo todo por ellos? No lo creo. Dios nos ha provisto de capacidades, habilidades y recursos para que nosotros hagamos aquello que nos corresponde hacer.

No erremos ignorando las Escrituras ni el poder de Dios. (Mateo 22:29). Dios no hará aquello que nosotros podamos hacer, porque para eso hemos recibido poder. Dios se encargará de hacer el milagro que nosotros no podamos hacer. Lo demás tenemos que hacerlo nosotros.

Ahora, note que Moisés reconoció que la vara que tenía en su mano no le pertenecía, sino que se refirió a ella como "la vara de Dios". (v.9). De igual manera, Dios también reconoció que la vara que Moisés tenía en su mano era un elemento o recurso importante para el trabajo que Moisés tenía que realizar. Desde su llamamiento, Dios indicó a Moisés que por medio de su vara Dios haría poderosos milagros. (Éxodo 4:17).

Esto significa que Dios mismo también le da valor a nuestras capacidades, habilidades y recursos. Dios no menosprecia lo que usted tiene. Por el contrario, Dios valida sus recursos, e incluso los utiliza por medio de usted mismo para traerle a su vida el éxito y la bendición. Dios los utiliza para ayudarle a resolver sus problemas.

Por tanto, cuando los amalecitas estén acechando a su vida, no olvide que Dios ha puesto en su mano una vara. Úsela en el nombre de Jesús.

2. Gente.

Al principio mencionamos que el hombre es un ser gregario. El hombre fue creado para relacionarse entre sí. También dijimos que, además de relacionarse, el hombre también se ve en la necesidad muchas veces de depender de los demás. Sería egoísmo de nuestra parte hasta cierto punto el pensar que no necesitamos ni dependemos de nadie.

Hay quienes insisten en que solamente dependen de Dios, y para ello, utilizan un texto en las Escrituras que a veces confundimos en su interpretación, o al que, al menos, no analizamos detenidamente. En Jeremías 17:5 dice:

"Maldito el varón que confía en el hombre, y pone carne por su brazo, y su corazón se aparta de Jehová". (RVR60).

¡Un momento! ¿Cómo ajustamos de manera práctica una sentencia pronunciada como ésta a la realidad de vida que hemos afirmado, de que el hombre es un ser creado para relacionarse con los demás, y para que muchas veces dependamos los unos de los otros?

El mismo pasaje nos da la respuesta. La última parte del texto nos indica dónde radica realmente el problema de dependencia del hombre. El problema para el hombre en su relación con los hombres no parte de esa relación en sí. El problema parte directamente de la relación que el hombre ha procurado tener con Dios.

Hay un serio problema cuando el hombre se aparta de Dios. Apartarse de Dios llevará al hombre a poner su confianza en otra cosa, y es precisamente, cuando el hombre aparta su corazón de Dios, que comienza a cumplirse la sentencia de maldición. Mi suegro, el Rev. Francisco Colón suele enseñar que "el que se aleja de Dios siempre se mete en problemas".

Ahora bien, un poco más adelante, en Jeremías 17:7, se nos presenta un interesante contraste con esta posición de alejamiento de Dios que trae problemas.

Jeremías 17:7 nos dice claramente: *"Bendito el varón que confía en Jehová, y cuya confianza es Jehová"*. Entonces, el problema no es que dependamos de los hombres en alguna circunstancia, sino que nos apartemos de Dios en cualquier circunstancia. Apartarse de Dios es el factor común de toda dificultad humana. Quien se aleja de Dios lo daña todo. El que se aleja de Dios siempre se mete en problemas.

Desde esa perspectiva, es necesario establecer que la gente es el otro elemento de nuestro modelo bíblico para la dependencia integral. Es el elemento que considera el aspecto relacional y social del modelo de Jesús. Las personas son también recursos que Dios ha puesto a nuestra disposición.

No todos somos médicos. No todos somos mecánicos. No todos somos abogados. Los médicos, los mecánicos y los abogados, entre muchos otros, son recursos que Dios ha puesto a nuestro alcance para resolver muchos de los problemas que se nos presentan constantemente en nuestra vida.

Por tanto, la gente como recurso de Dios es otro de los elementos que debemos utilizar para el éxito y la bendición de nuestras vidas. Cerrarnos a la posibilidad de que Dios use gente para bendecirnos es limitar deliberadamente al Dios de la bendición. Resistir la ayuda de los demás es limitar los recursos que Dios pone a nuestra disposición.

Sin embargo, esto no quiere decir que pondremos nuestra confianza en los hombres, ni mucho menos en nuestros otros recursos. Nuestra confianza debe estar en el Dios que nos provee los recursos y la gente en la que nos apoyaremos para hacer aquello que nos corresponda hacer.

Como ya hemos dicho, el milagro lo hará Dios. Lo demás tenemos que hacerlo nosotros.

Considere lo que nos presenta el v.12. ¿Qué hubiera pasado si Moisés se hubiera negado a recibir la ayuda de Aarón y de Hur? Posiblemente el pueblo de Israel hubiera perecido aquel mismo día. En ese sentido, aceptar la ayuda de Aarón y de Hur no representó una señal de debilidad en Moisés. Por el contrario, representó la fortaleza que el pueblo necesitaba para vencer el ataque del enemigo.

Pensar que no dependemos de nadie puede representar altivez de espíritu, falta de humildad y resistencia en contra del modelo bíblico de dependencia integral. Jesús, siendo Dios, y teniendo todo poder para implementar un plan de salvación en el que no dependiera del ser humano, nos enseña la utilidad de este modelo al escoger seres humanos, a los que constituye como Su iglesia, para que este modelo fuera completamente sistémico. Para que abarcara la totalidad del ser. Para que considerara todos los aspectos de la vida humana, pues el plan consistía en reconciliar todas las cosas en Jesucristo. (Colosenses 1:20).

Es necesario, entonces, que seamos humildes ante el Dios que quiere bendecirnos, aún si utiliza a los hombres para ello.

Ahora bien, este elemento de la gente como parte del modelo y como recurso de bendición no queda ahí. Recordemos que nosotros también somos gente. Por tanto, es importante también que reconozcamos que nosotros podemos servir de bendición a los demás. Nosotros también tenemos recursos y habilidades con los que podemos ayudar a los demás, y así ser parte instrumental del modelo de dependencia integral.

El modelo bíblico no solamente establece que dependemos de los demás, sino que los demás también dependen de nosotros. Somos instrumentos de Dios para bendecir a los demás con los recursos que tenemos. En ese sentido, nuestra disposición en las manos de Dios también nos hace parte del milagro de Dios en la vida de otros. Debemos estar disponibles para Dios. Dios puede hacer por medio de nosotros el milagro que otros necesitan. Dios hace el milagro. Nosotros podemos ser de gran ayuda.

Veamos otro elemento vital de este modelo.

3. La pelea.

La pelea es la exposición física en combate. Representa el aspecto físico del modelo de Jesús. El plan de salvación no hubiera tenido sentido si Cristo no hubiera venido físicamente a este mundo, si Cristo no hubiera padecido, sufrido y muerto físicamente por nuestros pecados y si, desde luego, Cristo no hubiera resucitado físicamente como garantía de nuestra fe y salvación. Era necesario que Jesús el Verbo fuera hecho carne. (Juan 1:14).

El pasaje de Éxodo 17:8-13 tiene, de alguna manera, una conexión con Mateo 26:36-46, pasaje en el cual se nos presenta a Jesús orando en el Getsemaní, justo antes de ser arrestado. En ambos vemos un intenso encuentro en un campo de batalla combinado. La pelea a la que hacemos referencia se presenta en dos frentes: el frente físico y el campo de batalla espiritual.

Note cómo esta dinámica también se presenta en el caso de pueblo de Israel. Mientras Moisés oraba y levantaba sus brazos, Josué peleaba. Moisés combatía con la oración. Josué combatía con la acción. ¿No cree usted que lo mismo ocurre en nuestra realidad? ¿No estamos nosotros combatiendo de la misma manera?

El Apóstol Pablo nos enseña en Efesios 6:12:

"Porque no tenemos lucha contra sangre y carne, sino contra principados, contra potestades, contra los gobernadores de las tinieblas de este siglo, contra huestes espirituales de maldad en las regiones celestes". (RVR60).

Es muy cierto que tenemos una lucha espiritual, pero esa lucha se nos está presentando en nuestra esfera física.

- La lucha espiritual nos está causando dolor, angustia, enfermedades y muchas otras causas que se manifiestan en el aspecto físico de nuestra vida.
- La lucha espiritual hace que nuestro cuerpo sienta sus estragos.
- La lucha espiritual nos está haciendo llorar. Nos hace gemir. Nos hace arrodillarnos literalmente para orar.

Es por eso que el mismo Pablo, en el mismo pasaje de Efesios 6, nos ofrece un modelo combinado de pelea.

"orando en todo tiempo con toda oración y súplica en el Espíritu, y velando en ello con toda perseverancia y súplica por todos los santos". (Efesios 6:18). (RVR60).

Hay un refrán que dice: "A Dios rogando, y con el mazo dando". Como ya hemos mencionado, en el pasaje de Éxodo 17:8-13 vemos que la realidad del modelo bíblico considera la pelea en ambos territorios. Moisés oraba, pero también Josué peleaba. Ambas cosas iban de la mano.

- Nosotros confiamos en Dios, pero nos ocupamos con temor y temblor en nuestra salvación. (Filipenses 2:12).
- Nosotros oramos, pero presentamos nuestros cuerpos físicos en sacrificio vivo, santo y agradable a Dios. (Romanos 12:1).

- Nosotros añadimos acción y obras a la fe para que no sea una fe muerta. (Santiago 2:26).
- Nosotros vamos a Dios rogando, pero con el mazo vamos dando.

La verdad práctica de este modelo de dependencia integral es que necesariamente tendremos que pelear. En ocasiones, esa pelea no será provocada por nosotros, sino que la misma llegará por diversas razones.

Amalec siempre querrá levantarse contra nosotros. Desde luego, es indispensable que encomendemos a Dios nuestro camino, (Salmos 37:5), pero caminar nos toca a nosotros. Tendremos peleas en las que tendremos que combatir físicamente, en las que tendremos que involucrar nuestras acciones, en las que tendremos que meter el pecho, aun cuando Dios esté a nuestro lado como poderoso gigante. (Jeremías 20:11).

Y ya que hablamos de Nuestro Poderoso Gigante, hay un último elemento del modelo que debemos considerar.

4. La roca.

Lo particular de este último elemento es que, además de completar la estructura del modelo bíblico de Jesús, es sin lugar a dudas el fundamento de esta estructura.

Por tanto, si vamos a hablar de fundamento, es necesario que hagamos referencia a lo que nos dice Jesús en Mateo 7:24-25:

"Cualquiera, pues, que me oye estas palabras y las hace, le compararé a un hombre prudente, que edificó su casa sobre la roca. Descendió lluvia, y vinieron ríos, y soplaron vientos, y golpearon contra aquella casa; y no cayó, porque estaba fundada sobre la roca". (RVR60).

¿Qué es, entonces, la roca? La roca no es solamente el aspecto espiritual de nuestro modelo, sino que la roca debe ser el fundamento donde descanse nuestra vida. Note cómo en el pasaje de Éxodo 17:8-13 Aarón y Hur tomaron una piedra y la colocaron debajo de Moisés para que éste se sentara.

Ahora bien, ¿notó algo importante en este punto? ¿Para qué utilizó Moisés la roca? ¿Para atacar desde el monte a los amalecitas, lanzando la roca monte abajo? Evidentemente no. Moisés utilizó la roca para sentarse. Para descansar en ella.

En nuestra experiencia de vida cristiana sabemos que Jesús es nuestra roca. Nuestro fundamento es Cristo. Hebreos 12:2 lo describe como "el autor y consumador de nuestra fe". (RVR60).

Entonces, si Jesús es nuestra roca, ¿por qué a veces le damos mal uso a nuestra roca?

¿Por qué queremos utilizar esta roca para hacer lo que nosotros queremos en lugar de descansar en ella? ¿Por qué le reclamamos a Dios el que no haga las cosas como nosotros quisiéramos, como si fuéramos nosotros quienes le gobernáramos?

- Nosotros utilizamos los recursos que Dios nos da para enfrentar las situaciones que se nos presentan en la vida.
- Nosotros hacemos uso de los recursos que los demás nos brindan para añadir bendición a nuestra vida.
- Nosotros ejercitamos nuestra fe poniéndonos en la brecha y combatiendo en el nombre de Jesús.
- Pero a la roca no podemos utilizarla de esa manera. A la roca la utilizamos como el fundamento de nuestra fe. A la Roca la utilizamos para descansar.

Nosotros nos apoyamos, (confiando en el Señor, desde luego), en los recursos y en la gente que Dios pone a nuestro alcance para hacer la parte que a nosotros nos corresponde hacer. Pero cuando venimos a la roca, lo hacemos para descansar. Descansar en su voluntad, confiando en que su voluntad es mucho más perfecta de lo que nosotros podemos imaginar.

El resumen de nuestro análisis podemos presentarlo de la siguiente manera:

- Los recursos a mano son para trabajar.
- La gente a nuestro alrededor nos ayuda.
- La pelea la damos nosotros.
- La roca, que es Cristo, es para descansar confiadamente.

Por otro lado, nuestros recursos o capacidades pueden fallar en determinado momento. La gente a nuestro alrededor también puede fallarnos. Habrá momentos en los que sentiremos que estamos perdiendo la pelea. Nuestros puntos de apoyo pueden debilitarse, romperse o no estar disponibles. Hay momentos en que lo intentamos todo, y aun así, todo nos falla. Pero la roca nunca nos fallará. La Roca es firme, es sólida y es inconmovible.

Puede haber tormentas azotando tu casa. Tal vez los amalecitas amenacen con atacarte y destruirte. El fuego de la prueba es demasiado ardiente. El Señor te recuerda que tienes recursos para enfrentar esa situación.

Cuentas con los recursos, habilidades y la experiencia para obrar en fe. Cuentas también con personas que te aman y que Dios utiliza para bendecirte. También cuentas con la promesa de Dios de que no te dejará ni te desamparará en el momento de la pelea. Pero Dios te dice algo más. Dios te dice que Él es tu fortaleza. Que Él es tu Roca de Salvación.

Eso sí, a la Roca no puedes usarla como tú quieras. A la Roca no puedes tirarla contra los amalecitas. A la roca tienes que venir a descansar.

Tu modelo de dependencia integral está completo. ¿Te falta algo? ¿Qué te falta? Lo que sea que te falte, ya está provisto en el modelo. ¿Lo quieres?

BREVE BIOGRAFIA DEL AUTOR

Elvin Heredia es ministro licenciado de la Iglesia del Nazareno, Distrito Este de Puerto Rico y pastor titular de la Iglesia del Nazareno del pueblo de Gurabo. Posee un Doctorado en Filosofía (PhD.) en Teo-Terapia Familiar y Pastoral Sistémica de ECOTHEOS International University & Bible College en Puerto Rico, un grado de Maestría en Psicología y Consejería Clínica Cristiana de DOXA International University en Florida, USA, y un Bachillerato en Asesoramiento Familiar de la Escuela Graduada de Terapia y Psicología Pastoral de Puerto Rico.

Es consejero certificado en Teo-Terapia (Nivel III) por la International Reciprocity Board of Therapeutic & Rehabilitation (I.R.B.O.), entidad reconocida por la Federación Mundial de Comunidades Terapéuticas y por la Organización de las Naciones Unidas. Es profesor asociado del Seminario Nazareno de Las Américas (SENDAS) en San José, Costa Rica para la Maestría en Ciencias de la Religión con mención en Orientación de la Familia. Ha dictado conferencias y talleres para matrimonios en Puerto Rico y los Estados Unidos.

Es el autor de los libros *Teolosis: Formación y Crecimiento en Dios* y *La Teolosis y Los Refranes Populares*.

El pastor Heredia vive en Puerto Rico con su esposa Carmencita y sus hijas, Jane Marie y Ana Cristina.

237